SALA CUNA

Autora:
Teodora Mery Flores de Castañeda

Equipo de apoyo y asesoramiento:
Flor Ramírez Labrín
Josefa Chunga Zapata
Lady Valer Ramos
María Esther Sosa Alzamora

Elizabeth Sosa Alzamora
Ruth María Estrada Martínez

Revisión y adaptación MIEDD Región SAM:
Mery Asenjo
Elizabeth Cristiana Soto Venegas
Ana Asenjo
Waleska Rios Sepulveda

Coordinadora del proyecto editorial:
Patricia Picavea

Diseño de portada y Diagramación:
Slater Designer / Slater J. Chavez

ISBN: 978-987-1733-71-2

PREPARACIÓN PARA LOS(AS) MAESTROS(AS)

ACTIVIDADES CON NIÑOS Y NIÑAS DE DOS A TRES AÑOS DE EDAD

GRACIAS, DIOS, POR TODO LO QUE HICISTE

Base bíblica:

Génesis 1:1-5

Objetivo:

Entender que Dios hizo la luz, y sentir gratitud por eso.

Preparación de la clase:

Las maestras y/o maestros deben reunirse previamente para orar a Dios por el tiempo de preparación de la clase. Luego, deberán leer y reflexionar cuidadosamente en Génesis 1:1-5.

Introducción

A continuación, observar cuidadosamente lo siguiente:

- ¿Qué nos enseña la porción bíblica?
- Dios todo lo hizo hermoso.
- Él hizo primero la luz para dar luminosidad al universo.
- El amor de Dios fue expresado en todo lo que hizo.
- Dios hizo un mundo muy hermoso.
- El propósito de Dios fue darnos felicidad.
- El mundo fue creado por un Dios vivo.
- Al principio, la tierra estaba desordenada y vacía.
- Las tinieblas cubrían la tierra.
- Por todo lo que Dios hizo, reconocemos que Él es nuestro Creador. Y los niños también lo reconocen.
- Dios separó el día de la noche.
- La luz hizo su efecto en toda la tierra y el cosmos.

Reflexión

Dios es la luz y nos ha dado su luz celestial y espiritual para que alumbre nuestras vidas; y para llevar e irradiar luz a los pequeños. Oremos a Dios agradeciendo por la luz que nos ha dado, y procuremos bendecir a otros con esa luz espiritual.

Al final, preparar un círculo de 30 cm de diámetro. Pintarlo un lado de color negro y otro, de color celeste.

TEMA: DIOS HIZO LA LUZ

CITA BÍBLICA: Génesis 1:1-5

DESARROLLO DE LA CLASE:

Recibir y ubicar a los niños y niñas teniendo en cuenta la edad de cada uno de ellos. Así pues, los bebés deberán ser puestos en coches, corrales, alfombras y petates –según las condiciones del aula–. Luego, darles la bienvenida a todos los niños y niñas, e indicarles los sectores o áreas de juego y trabajo (esto sólo para infantes a partir de los 18 meses). De esta manera, ellos podrán manipular el material dispuesto previamente en un ambiente y altura adecuados para su edad, así como también compartirlo con los(as) amiguitos(as) y maestros(as).

Concluido el tiempo anterior, todos los maestros y maestras deberán de reunir a todos los niños haciendo un círculo para orar y entonar algunas canciones a Dios dando inicio de esta manera a la clase del día.

Conversamos. Narrarles lo siguiente a los niños: Hace mucho tiempo atrás sólo existía la oscuridad. Dios, que puede hacerlo todo, decidió hacer algo diferente. Así, un día Él dijo: "¡Hágase la luz!".

Luego de contarles, conversar sobre esto con ellos: ¿Y saben qué sucedió, niños?... ¡Llegó la luz y todo quedó claro!, y lo llamó Día. ¡Qué bueno es tener luz! Cuando hay luz, podemos correr, caminar, pasear y no tropezamos; porque podemos ver claramente. Pero también había oscuridad, y a esto Dios le llamó Noche. ¡Qué bueno es nuestro Dios! ¿Cierto, niños?

Jugamos. Caja de zapatos pintada de color negro en el interior; y por afuera, de color verde. Esto para que los pequeños comprendan que ello representa a la creación. Luego, hacer un orificio en la parte superior de la caja, y otro en un costado (pero taparlo al inicio); y permitir que los niños vean sólo por el orificio superior. Preguntarles: ¿logran ver algo? Para finalizar, destapar el orificio que se hizo por el costado, alumbrar con una linterna por allí, y decirles a los infantes que miren nuevamente por el orificio de la parte superior. Ellos podrán ver un dibujo de la creación que está al interior de la caja.

Aprendemos. Hacer hincapié en que Dios –que puede hacerlo todo– hizo la luz. De modo que hoy podemos decir: "Gracias, Dios, por lo que hiciste".

Actividad. Ayudar a los infantes a rasgar tiras de papel celeste o blanco; y ayudarles a que las peguen entre las líneas del dibujo, simulando que son rayos de luz.

Despedida. Invitar a los niños a sonreír y dar gracias a Dios por estas bendiciones recibidas.

Instrucciones

Rasga tiras de papel celeste o blanco; y pégalas sobre los rayos de luz.

Base bíblica:

Génesis 1:6-8

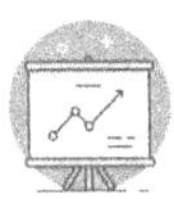

Objetivo:

Entender que Dios separó las aguas.

Preparación de la clase:

Las maestras y/o maestros deben reunirse previamente para orar a Dios por el tiempo de preparación de la clase. Luego, deberán leer y reflexionar cuidadosamente en Génesis 1:6-8.

Introducción

Después, observar cuidadosamente lo siguiente:

- ¿Qué nos dice la lectura bíblica?
- Dios ordenó en el segundo día el agua, las nubes y los mares.
- Dios hizo un mundo equilibrado para su creación.
- Todo lo hizo hermoso: el agua, el aire, etc. Todos estos muy útiles e indispensables en la vida del ser humano.
- No podemos vivir sin aire. Otras cosas nos pueden faltar y la vida puede continuar; pero sin la capa de aire, jamás sería posible la preservación de la vida.
- Debemos cuidar el medioambiente.
- El agua es otro elemento indispensable; por ello, debemos cuidarla. De esta manera, evitaremos la contaminación.

Reflexión

Dios, en su infinita sabiduría, creó un universo que nos iba a dar felicidad. Nos haría seres humanos alegres y agradecidos.

Todo lo que Dios creó es excelente y perfecto.

Dios es el infinito creador del agua. Nuestro planeta posee tres cuartas partes de agua y, por tanto, necesita de ella.

Cuidemos todo lo que Dios creó.

Oremos a Dios por el agua, el aire, la tierra que creó que son elementos muy indispensables en nuestra vida. También oremos por los niños y las niñas para que siempre sean agradecidos y reconozcan a Dios como el dador de todo.

Al final, preparar el material para la clase.

TEMA: DIOS HIZO EL AGUA

CITA BÍBLICA: Génesis 1:6-8

DESARROLLO DE LA CLASE:

Recibir y ubicar a los niños y niñas teniendo en cuenta la edad de cada uno de ellos. Así pues, los bebés deberán ser puestos en coches, corrales, alfombras y petates –según las condiciones del aula–. Luego, darles la bienvenida a todos los niños y niñas, e indicarles los sectores o áreas de juego y trabajo (esto sólo para infantes a partir de los 18 meses). De esta manera, ellos podrán manipular el material dispuesto previamente en un ambiente y altura adecuados para su edad, así como también compartirlo con los(as) amiguitos(as) y maestros(as).

Concluido el tiempo anterior, todos los maestros y maestras deberán de reunir a todos los niños haciendo un círculo para orar y entonar algunas canciones a Dios dando inicio de esta manera a la clase del día.

Conversamos. Mostrar a los niños un círculo de cartón de 30 cm de diámetro (debe de estar pintado previamente de color negro por un lado y por el otro, de celeste), y preguntarles lo siguiente: ¿qué es esto? (se sugiere siempre escuchar atentamente sus respuestas). Luego, mostrar el lado negro del círculo y pedirles a los niños y niñas que digan todos juntos: "Todo estaba oscuro, y Dios dijo que exista la luz (en ese momento, mostrar el lado celeste)". Y después, pedir a los pequeños que digan: "Todo quedó claro y había mucha agua. Dios es muy sabio".

Jugamos. Animar a los niños a jugar una dinámica. Para ello, formar dos grupos. Un grupo representará a las gotas de agua y el otro grupo, a las nubes. Luego, decirles que primero las nubes se sentarán, y a continuación, las gotas de agua saltarán. De esta manera, lo harán la primera vez y luego, los grupos intercambiarán los movimientos que les corresponda realizar.

Aprendemos. Hacerles recordar a los niños que Dios es muy sabio; porque separó perfectamente el agua colocándola abajo y, el cielo arriba.

Actividad. Ayudar a los infantes a pegar algodón dentro de los dibujos de las nubes. Luego, que repasen las líneas punteadas, y que coloreen sus dibujos.

Despedida. Orar entonando el coro "La lluvia cae -Gethsemani-Album ven a cantar" (buscar en YouTube) y dar gracias a Dios por su amor expresado en diferentes maneras.

Instrucciones

Pega algodón dentro de las nubes; repasa las líneas punteadas
para formar las olas; y pinta tu dibujo.

Base bíblica:

Génesis 1:11-13

Preparación de la clase:

Las maestras y/o maestros deben reunirse previamente para orar a Dios por el tiempo de preparación de la clase. Luego, deberán leer y reflexionar cuidadosamente en la cita bíblica.

Objetivo:

Entender que Dios hizo las plantas para darnos bienestar.

Introducción

Pensemos detenidamente en esto: Este tema está relacionado con el tercer día de la creación. Dios, en su infinito amor y poder, preparaba el mundo cada día hasta darle la forma más adecuada en la que su creación reciba la más grande bendición para tener una vida equilibrada. Debemos, entonces, ser siempre muy agradecidos.

Dios juntó las aguas formando océanos, lagos y ríos. Ahí apareció la tierra seca. Esta tierra es la indicada para la vida vegetal, animal y humana.

En Isaías 41:19-20, se menciona una variedad de plantas que Dios creó, y que a través de los tiempos se va descubriendo las bondades de cada una de ellas. Todas, o casi todas, son muy útiles; y totalidad de sus partes son utilizadas de diferentes maneras para satisfacer las necesidades humanas. Por ejemplo, mencionaremos algunas clases de plantas según sus utilidades:

- Plantas medicinales
- Plantas nutritivas
- Plantas industriales
- Plantas ornamentales

"… la mano de Jehová hizo esto,… el Santo de Israel lo creó" (Isaías 41:20).

Reflexión

Las plantas son importantes e indispensables. Ellas producen y emanan oxígeno al aire, de manera que no podemos vivir sin ellas.

En Juan 15:1-2, Jesús nos enseña –a través de una metáfora– sobre la importancia de las plantas haciendo uso de la comparación de un elemento de su creación con la fidelidad de sus hijos.

Oremos agradeciendo a nuestro Dios por las cosas maravillosas que hizo, especialmente por las plantas. Y también oremos por las niñas y los niños; a fin de que reconozcan a Dios como su Creador.

Al final, preparar el material para la clase.

TEMA: DIOS HIZO LAS PLANTAS

CITA BÍBLICA: Génesis 1:11-13

DESARROLLO DE LA CLASE:

Recibir y ubicar a los niños y niñas teniendo en cuenta la edad de cada uno de ellos. Así pues, los bebés deberán ser puestos en coches, corrales, alfombras y petates –según las condiciones del aula–. Luego, darles la bienvenida a todos los niños y niñas, e indicarles los sectores o áreas de juego y trabajo (esto sólo para infantes a partir de los 18 meses). De esta manera, ellos podrán manipular el material dispuesto previamente en un ambiente y altura adecuados para su edad, así como también compartirlo con los(as) amiguitos(as) y maestros(as).

Concluido el tiempo anterior, todos los maestros y maestras deberán de reunir a todos los niños haciendo un círculo para orar y entonar algunas canciones a Dios dando inicio de esta manera a la clase del día.

Conversamos. Llevar al aula y mostrar a los niños flores vivas. Luego, preguntarles si alguna vez han visto flores; si tienen un jardín en su casa; y si conocen diferentes árboles. Es importante que, en este tiempo de conversación, todos participen, y se les escuche atentamente.

A continuación, contarles a los niños que también hay flores de diferentes colores: rojas, amarillas, azules, etc. Y preguntarles qué creó Dios luego de haber hecho el agua... Si los niños no dieren la respuesta acertada; entonces decirles que fueron las plantas. Terminar esta sección haciendo notar que ciertamente Dios es muy sabio.

Jugamos. Llevar a clase algunas macetas pequeñas con plantitas; y entregarle una regadera a cada infante para que pueda echar agua a las plantitas. Luego, preguntarles: ¿quién hizo las plantas? Cantar la canción "Semillas en tu corazón" de La Totuga Music (buscar en Youtube).

Aprendemos. Recordar a los niños que Dios es muy sabio y amoroso; y Él fue quien creó las plantas, porque nos ama mucho.

Actividad. Pedir a los padres de familia que envíen a sus niños con varias clases de hojas de árboles. En clase, indicarles a los infantes que peguen las hojas que trajeron sobre el dibujo del árbol.

Despedida. Orar a Dios dando gracias por su obra maravillosa y por los alimentos que provienen de las plantas.

Instrucciones

Pega las hojas que trajiste sobre el dibujo del árbol.

Base bíblica:

Génesis 1:14-19

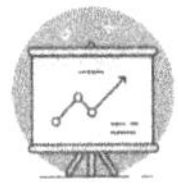

Objetivo:

Conocer al Sol, y reconocer que Dios lo hizo.

Preparación de la clase:

Las maestras y/o maestros deben reunirse previamente para orar a Dios por el tiempo de preparación de la clase. Luego, deberán leer y reflexionar cuidadosamente en Génesis 1:14-19.

Introducción

Después, observar con atención lo siguiente:

¿Qué nos dice la lectura bíblica? Nos dice que Dios creó el Sol, la Luna y las estrellas para dar bienestar a su creación. También estableció el día y la noche, y ordenó que en el día alumbre el Sol y en la noche, la Luna. Asimismo, estableció también las estaciones del año.

Las estrellas son miles en el firmamento. El Sol es una estrella grande. Para la preservación de la vida, es indispensable y saludable este astro. Sin él, no habría calor ni luz, es decir, todo sería frío; porque el calor y la luz se producen dentro del Sol.

Esta estrella llamada Sol se encuentra lejos de la Tierra, pero sus rayos llegan a nosotros en pocos minutos.

¡Qué grande es Dios que lo hizo todo hermoso para nosotros!

Reflexión

Reconocemos a Dios como nuestro único Creador, y que todo lo creado nos permite reconocer que Él es el único Dios. Él mismo vio que todo era bueno. Seamos muy agradecidos a nuestro Señor, como los judíos que celebraban fiestas en gratitud a Dios por sus cosechas.

Estos astros, que se han abordado hasta aquí, nos sirven para señalar el día, la noche, las estaciones, el tiempo, y por tanto, el calendario. Oremos al Señor por los grandes acontecimientos a nuestro favor y pidámosle sabiduría para compartir con las niñas y los niños estas grandes obras.

Al final, preparar el material para la clase.

TEMA: DIOS HIZO EL SOL

CITA BÍBLICA: Génesis 1:14-19

DESARROLLO DE LA CLASE:

Recibir y ubicar a los niños y niñas teniendo en cuenta la edad de cada uno de ellos. Así pues, los bebés deberán ser puestos en coches, corrales, alfombras y petates –según las condiciones del aula–. Luego, darles la bienvenida a todos los niños y niñas, e indicarles los sectores o áreas de juego y trabajo (esto sólo para infantes a partir de los 18 meses). De esta manera, ellos podrán manipular el material dispuesto previamente en un ambiente y altura adecuados para su edad, así como también compartirlo con los(as) amiguitos(as) y maestros(as).

Concluido el tiempo anterior, todos los maestros y maestras deberán de reunir a todos los niños haciendo un círculo para orar y entonar algunas canciones a Dios dando inicio de esta manera a la clase del día.

Conversamos. Presentar algunas figuras del sol (grandes y pequeñas), y preguntar a los pequeños: "¿Conocen esta figura? ¿Cómo se llama? (esperar que los niños se expresen)… ¡Es el sol! ¿Quién hizo el sol? ¿Qué nos da el sol? El sol nos calienta, hace crecer las plantitas y abriga a todos los seres vivos. El sol es muy saludable. Aparece bien temprano, y en la noche se esconde. Todo lo que Dios hizo es bueno. Él es muy sabio".

Jugamos. Pedir a los niños y niñas que todos cierren sus ojitos. Luego, empiece a relatar: Todo estaba oscuro y Dios habló. Él dijo: "Hágase la luz", y llegó la luz. Después, pedirles que abran sus ojitos, y continuar con lo que se estaba narrando: "Todo quedó claro". Recordemos también que Dios estableció reglas: para el día hizo el sol; y para la noche, a la hermosa luna y a las estrellas que brillan en el cielo.

Aprendemos. Mencionarles a los niños, a manera de resumen, que Dios es muy sabio y amoroso. Él fue quien creó el sol con su poder.

Actividad. Indicar a los infantes que coloreen el dibujo del sol. Luego, ayudarles a pegar el sol en un palo bajalengua (grueso).

Despedida. Orar a Dios agradeciéndole por el astro sol que nos calienta.

Instrucciones

Colorea el dibujo del sol; y pégalo en un palo bajalengua (grueso).

Base bíblica:

Génesis 1:14-19

Objetivo:

Conocer que Dios creó la Luna, la cual nos alumbra en la noche.

Preparación de la clase:

Las maestras y/o maestros deben reunirse previamente para orar a Dios por el tiempo de preparación de la clase. Luego, deberán leer y reflexionar cuidadosamente en la cita bíblica mencionada.

Introducción

A continuación, cavilar en lo siguiente:

- La Luna, precioso regalo de Dios, es un satélite de la Tierra.

- La Luna emplea veintisiete días solares medios, siete horas, y cuarenta y tres minutos con cuatro dieciséis segundos en dar la vuelta al cielo. Este tiempo se llama revolución sideral.

- La revolución sinódica de la Luna es el tiempo que emplea este astro en volver a la misma posición relativa respecto del Sol y de la Tierra. El tiempo de esta revolución sinódica es aproximadamente veintinueve días, doce horas, cuarenta y cuatro segundos, y casi tres segundos.

- Durante su movimiento alrededor de la Tierra, la Luna recibe constantemente la luz del Sol, razón por la cual vemos diferentes partes iluminadas en las noches. Esas son las fases de la Luna.

Reflexión

De acuerdo a las fuentes de información y a la misma Palabra de Dios, ha existido gente que adoraba al Sol, a la Luna y a las estrellas, en lugar de adorar al Creador.

Tal vez hoy en día, en alguna parte del mundo, todavía existe gente que tenga este tipo de creencias y realice una adoración incorrecta.

Gracias a Dios, porque cada vez más nos comprometemos a servirle y agradarle por todo lo que ha hecho en nuestra vida.

Oremos al Señor por nuestras vidas y también por las vidas de los niños y las niñas, así como por las de sus padres; pero de manera especial, oremos por la clase de cuna ¡Adoremos a Dios por ser nuestro Creador!

Al final, preparar el material para la clase.

DIOS HIZO LA LUNA

Génesis 1:14-19

DESARROLLO DE LA CLASE:

Recibir y ubicar a los niños y niñas teniendo en cuenta la edad de cada uno de ellos. Así pues, los bebés deberán ser puestos en coches, corrales, alfombras y petates –según las condiciones del aula–. Luego, darles la bienvenida a todos los niños y niñas, e indicarles los sectores o áreas de juego y trabajo (esto sólo para infantes a partir de los 18 meses). De esta manera, ellos podrán manipular el material dispuesto previamente en un ambiente y altura adecuados para su edad, así como también compartirlo con los(as) amiguitos(as) y maestros(as).

Concluido el tiempo anterior, todos los maestros y maestras deberán de reunir a todos los niños haciendo un círculo para orar y entonar algunas canciones a Dios dando inicio de esta manera a la clase del día.

Conversamos. Mostrar a los niños una lámina de la creación (podemos trabajarla con los niños progresivamente en el desarrollo de las clases previas). Luego, colocar en el fondo de la lámina la figura de la luna y mirarla atentamente, de tal manera que los(as) niños(as) también hagan lo mismo. Después, preguntar: "¿Qué estamos mirando en la lámina?"... (escuchar las respuestas de los niños). A continuación, seguir preguntando: "¿Han visto la luna? La luna se ve en la noche. ¿Han visto las estrellas? También se las pueden ver en la noche. ¿Quién hizo la luna? ¿Quién hizo las estrellas? Todo lo hizo Dios. ¡Qué bueno es Él!".

Jugamos. Aquí usted puede pegar o completar los elementos de la creación desde lo creado el primer día hasta donde se ha avanzado en las clases previas. El propósito es que se explique haciendo un recuento de lo estudiado. En este sentido, se puede conversar sobre lo siguiente: ¿Para qué puso Dios esto (señalar el elemento de la creación)? Y también podemos entender que si la luna sale de noche, nosotros ya nos vamos a dormir. Entonar una canción que sea sobre la luna.

A continuación, decirles a todos los niños que vamos a dormir (aquí les enseñamos que nos acostamos en la alfombra o petate). Luego, cantar una alabanza y hacerles notar que así nos cantan nuestros papás y/o familiares para dormir.

Aprendemos. Decirles a los infantes que Dios es muy sabio y bueno. Él creó la luna con su poder.

Actividad. Ayudar a los niños y niñas a repasar las líneas punteadas de la luna. Luego, que la pinten, y con un color negro pedirles que coloreen las bolas u óvalos que representan los cráteres (lunares).

Despedida. Orar a Dios dándole gracias por la luna, estrella de la noche que nos alumbra.

Instrucciones

Repasa las líneas punteadas; y luego, colorea. Al final, con un color negro pinta los círculos pequeños.

Base bíblica:

Génesis 1:20-23

Objetivo:
Conocer que Dios hizo los peces.

Preparación de la clase:

Las maestras y/o maestros deben reunirse previamente para orar a Dios por el tiempo de preparación de la clase. Luego, deberán leer y reflexionar cuidadosamente en la cita bíblica.

Introducción

Después, observar cuidadosamente lo siguiente:

¿Qué nos dice la lectura bíblica?

Los animales y todo lo que Dios ha creado están bajo su dominio. Porque sólo el poder de su Palabra hizo que los grandes monstruos y todo lo que hay en el mar existieran y sirvan para complementar la ecología y satisfacer las necesidades humanas.

Por toda la belleza que Dios hizo, debemos ser agradecidos y presentarle nuestra adoración solamente a Él.

Las especies que Dios ha creado son diversas: grandes cantidades de peces, mamíferos, reptiles, anfibios, etc. Estos últimos son acuáticos; es decir que su vida se desarrolla bajo las aguas y se sienten seguros allí, incluso para reproducirse. Por otra parte, los peces son ovíparos, o sea se reproducen por medio de huevos.

Reflexión

La inmensidad y belleza de la creación hecha por Dios es para que la disfrutemos. Por lo tanto, debemos ser eternamente agradecidos por todo esto. Aun las olas de los mares en la espesura de su ondulante espuma parecen adorar a Dios y llevar allí el imperecedero recuerdo de la obra del Creador.

Oremos a Dios con gratitud por todo lo bello que hizo; y reconozcamos que Él es nuestro único hacedor. Asimismo, oremos también por los niños y las niñas, así como por sus padres para poder juntos ser gratos al Señor.

Al final, preparar láminas de peces y el material para la clase.

DATOS INFORMATIVOS:

 DIOS HIZO LOS PECES

 Génesis 1:20-23

DESARROLLO DE LA CLASE:

Recibir y ubicar a los niños y niñas teniendo en cuenta la edad de cada uno de ellos. Así pues, los bebés deberán ser puestos en coches, corrales, alfombras y petates –según las condiciones del aula–. Luego, darles la bienvenida a todos los niños y niñas, e indicarles los sectores o áreas de juego y trabajo (esto sólo para infantes a partir de los 18 meses). De esta manera, ellos podrán manipular el material dispuesto previamente en un ambiente y altura adecuados para su edad, así como también compartirlo con los(as) amiguitos(as) y maestros(as).

Concluido el tiempo anterior, todos los maestros y maestras deberán de reunir a todos los niños haciendo un círculo para orar y entonar algunas canciones a Dios dando inicio de esta manera a la clase del día.

Conversamos. Proveerles a los niños una lámina de la creación (podemos ir trabajando dicha lámina en las clases previas a la de esta sesión). Luego, les mostramos figuras de peces grandes y pequeños coloreados; es decir que tengan colores vistosos. Después, preguntarles: ¿de qué color son?, ¿serán del mismo tamaño?, ¿quién hizo los peces?, ¿dónde viven?, ¿de qué se alimentan?, ¿cómo nadan?

Terminar lo anterior, haciéndoles recordar a los niños que Dios es muy bueno y que todo lo hizo bonito.

Jugamos. Iniciar este momento pegando o completando los elementos de la creación, desde lo creado el primer día hasta donde se ha avanzado en las clases previas. En este tiempo, se puede ir explicando y/o conversando con los niños sobre ello. Así pues, mostramos el sol, la luna, las estrellas, los árboles, las flores, el agua, los peces; y les hacemos ver que hay animales acuáticos de todo color y tamaño para que naden en las aguas.

Aprendemos. Mencionarles a los pequeños que Dios es muy bueno, y que todo lo hizo bonito.

Actividad. Indicar a los infantes que repasen las líneas punteadas. Luego, ayudarles a pintar los peces con hisopo.

Despedida. Orar dando gracias a Dios por el tiempo de estar juntos y aprender más de Él.

Repasa las líneas punteadas que son las ondas del mar; y después con un hisopo, colorea los peces.

Base bíblica:

Génesis 1:20-23

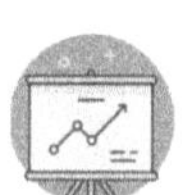

Objetivo:

Conocer que Dios hizo los pájaros y estar agradecidos por eso.

Preparación de la clase:

Las maestras y/o maestros deben reunirse previamente para orar a Dios por el tiempo de preparación de la clase. Luego, deberán leer y meditar cuidadosamente en la cita bíblica antes mencionada.

Introducción

Después de lo anterior, observar y pensar en lo siguiente:

¿A quiénes creó Dios el quinto día?

- Según la Biblia, Dios ordenó que las aguas produzcan seres vivientes y aves que vuelen sobre la tierra y se eleven en el amplio firmamento.

- Todas las especies marinas fueron creadas por Dios, desde los grandes monstruos hasta el diminuto animal que se mueve en las aguas.

- También las aves, que son seres vivos alados y ovíparos, fueron creados con las condiciones adecuadas para reproducirse y formar parte de la riqueza divina, así como también para ser benefactores de las necesidades alimenticias humanas.

- Dios sustenta a las aves y cuida la vida de estos indefensos animales.

- En el mundo, hay millones de especies de aves.

En el tiempo del diluvio, Noé envió un cuervo para ver si las aguas se habían secado (Génesis 8:7).

Reflexión

- Dios, nuestro Creador, es sabio y perfecto.

- Debemos ser agradecidos por todo al Señor y tratar bien a los animales; pues todos ellos representan la grandeza y creación divina.

Orar a Dios por este tiempo maravilloso de meditar en su Palabra acerca de lo creado por Él. No olvidemos también orar por los niños y sus padres.

Al final, preparar un pajarito de cartulina y dos huevitos con papel blanco.

DIOS HIZO LOS PÁJAROS

Génesis 1:20-23

DESARROLLO DE LA CLASE:

Recibir y ubicar a los niños y niñas teniendo en cuenta la edad de cada uno de ellos. Así pues, los bebés deberán ser puestos en coches, corrales, alfombras y petates –según las condiciones del aula–. Luego, darles la bienvenida a todos los niños y niñas, e indicarles los sectores o áreas de juego y trabajo (esto sólo para infantes a partir de los 18 meses). De esta manera, ellos podrán manipular el material dispuesto previamente en un ambiente y altura adecuados para su edad, así como también compartirlo con los(as) amiguitos(as) y maestros(as).

Concluido el tiempo anterior, todos los maestros y maestras deberán de reunir a todos los niños haciendo un círculo para orar y entonar algunas canciones a Dios dando inicio de esta manera a la clase del día.

Conversamos. Mostrar el pajarito de cartulina y los dos huevitos, o una lámina de una gallina poniendo sus huevos (se sugiere que en esta parte se haga la mímica de la gallina) para que los(as) niños(as) también pueden hacerla. Luego, decirles a los infantes que la gallina calienta sus huevos todo el día y toda la noche… hasta que el pollito que está completamente formado dentro del huevo empieza a golpear con su piquito el cascarón, y se escucha el toc-toc. Después de ello, el pollito logrará salir del huevo. Aquí le sugerimos que muestre una figura o lámina cuando un pollito está naciendo, y pedirles a los niños que miren. Señalarles el pico del pollito; después, explicarles y señalarles en la lámina que sale la cabeza, el cuerpo y la colita. Dios hizo a los pájaros.

Jugamos. Pegar figuras de pájaros en el fondo de la creación y preguntar qué son… Reafirmar la respuesta de los niños que son pájaros, y decirles que estos animales tienen pico, alas y plumas. También añadir que hay pájaros grandes y pequeños, y que los pájaros también cantan y vuelan. En ese momento, se sugiere preguntarles a los pequeños "¿cómo vuelan las aves?" Felicitarles por sus respuestas e indicarles que todos juntos volarán como las aves, alrededor del aula; para ello, se va a mover los bracitos como si fueran alas, a la par que se va a cantar "Pajarito" de Manuel Bonilla (buscar en Youtube).

Aprendemos. Mencionarles a los pequeños que Dios hizo todos los pájaros, desde el más pequeño hasta el más grande. Invitarles a que todos juntos digan: "¡Qué bueno es Dios!".

Actividad. En la hoja de aplicación, indicarles a los niños que deben pegar plumas en el cuerpo de los pajaritos.

Despedida. Orar dando gracias a Dios; porque nos ha provisto animales como los pajaritos.

Instrucciones

Pega plumas en el cuerpo del pajarito.

DIOS HIZO LOS ANIMALES

Base bíblica:

Génesis 1:24-25

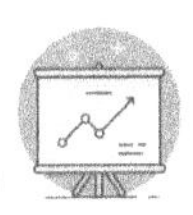

Objetivo:

Conocer que Dios hizo los animales para compañía y beneficio del ser humano.

Preparación de la clase:

Las maestras y/o maestros deben reunirse previamente para orar a Dios por el tiempo de preparación de la clase. Luego, deberán leer y meditar cuidadosamente en Génesis 1:24-25.

Introducción

Después de lo anterior, observar y pensar en lo siguiente:

- ¿Qué nos dice la porción bíblica?

Nos dice que Dios creó los animales de toda especie.

- ¿Cuántas clases de animales hay en todo el mundo?

Hay un sinnúmero de animales en todo el mundo.

¿Qué tipo de animales nos detallan estos versículos de Génesis 1:24-25?

- Los animales son seres vivos que sienten y se mueven por su propio impulso. Además, fueron creados por Dios con el poder de su Palabra y están bajo su dominio. La Biblia nos relata muchos nombres de animales, así como su utilidad al ser humano y al medioambiente.

Al término de esta parte, se sugiere realizar un juego con el grupo de maestras y/o maestros mencionando el nombre de un animal que esté en la Biblia. Esta dinámica puede ser sólo con animales cuya piel esté cubierta de pelos, aunque se puede variar tomando otra característica o variedad como los peces (solamente los que tienen escamas).

Seguidamente, comentar sobre cómo se comunican entre ellos, cómo se mueven, dónde viven y de qué clima son.

Reflexión

Todo lo que Dios creó es excelente.

El reino animal es inmenso y asombroso. Así pues, cada animal en su respectivo medio cumple su ciclo vital como el hombre y la mujer.

Debemos amar y respetar a los animales.

Orar a Dios dándole gracias por su obra maravillosa en lo que se refiere a los animales, y por nuestros niños, a fin de que sean motivados a cuidar el mundo de los animales.

Al final, preparar el material para la clase.

TEMA: DIOS HIZO LOS ANIMALES

CITA BÍBLICA: Génesis 1:24-25

DESARROLLO DE LA CLASE:

Recibir y ubicar a los niños y niñas teniendo en cuenta la edad de cada uno de ellos. Así pues, los bebés deberán ser puestos en coches, corrales, alfombras y petates –según las condiciones del aula–. Luego, darles la bienvenida a todos los niños y niñas, e indicarles los sectores o áreas de juego y trabajo (esto sólo para infantes a partir de los 18 meses). De esta manera, ellos podrán manipular el material dispuesto previamente en un ambiente y altura adecuados para su edad, así como también compartirlo con los(as) amiguitos(as) y maestros(as).

Concluido el tiempo anterior, todos los maestros y maestras deberán de reunir a todos los niños haciendo un círculo para orar y entonar algunas canciones a Dios dando inicio de esta manera a la clase del día.

Conversamos. Mostrar una lámina de una niña llamada Lily acompañada de su perrito, y contarles a los niños lo siguiente: "Miren, aquí está Lily. A ella le regalaron un perrito, y por eso está muy contenta. Es el perrito que ella siempre quiso tener. El perrito dice: 'Guau, guau, guau´, cuando ella corre; y cuando se voltea a mirarlo, le mueve la colita".

Luego, decirles a los niños que vamos a ayudarle a Lily a escoger un nombre para su perrito (animar a que todos participen).

Después, añadir: "¿Qué otros animales conocen?... (animar a que todos participen). Hay muchos animales, y debemos recordar que tenemos que cuidar de ellos y no maltratarlos. Dios los ha creado y todo lo que Él hizo es bueno".

Jugamos. Pegar figuras de diferentes animales y decirles que observen que algunos tienen el cuerpo cubierto de pelo. Otros están cubiertos de lana. Unos tienen cuatro patas; otros, dos patas. Unos viven en la ciudad; otros, en el campo.

Después, indicarles que se va a imitar algunos sonidos de animales que conocemos.

Aprendemos. Hacerles recordar a los pequeños que Dios hizo todos los animales y que cada uno de nosotros debemos cuidarlos. Invitarles a que todos juntos digan: "¡Qué bueno es Dios!"

Actividad. Pedir a los padres de familia que envíen la foto de su mascota (si es que la tuvieran); o la imagen de algún animal que les guste a sus pequeños.

Despedida. Orar agradeciendo a Dios por crear animales tan hermosos.

DIOS HIZO LOS ANIMALES

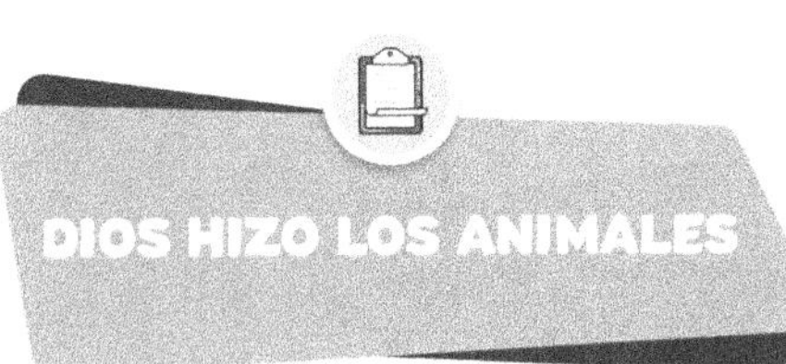

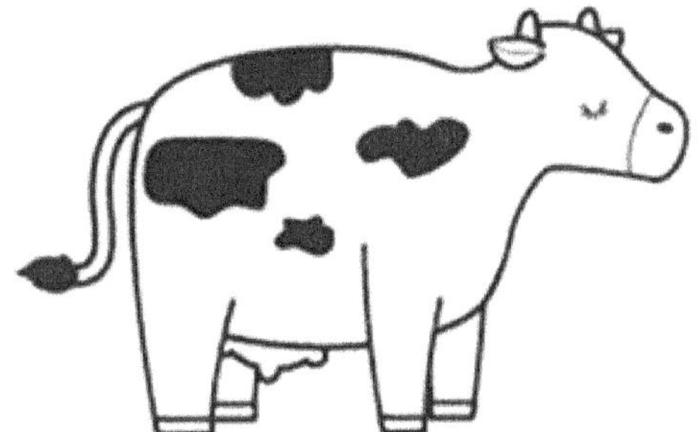

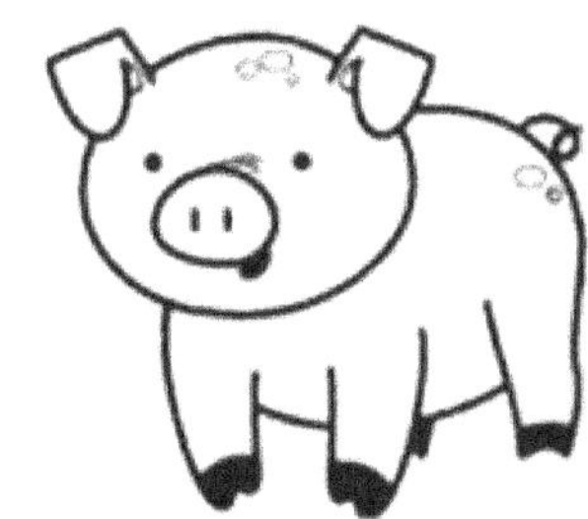

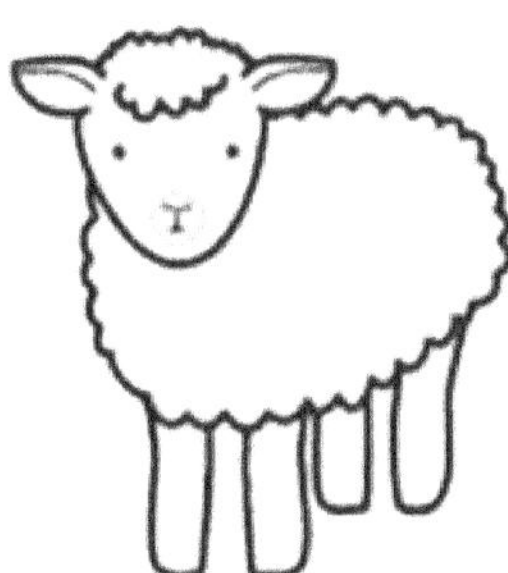

Instrucciones

Pega la foto de tu mascota o la imagen del animal que te gusta, dentro del recuadro; y colorea los animales de abajo.

LECCIÓN 9

DIOS HIZO AL HOMBRE

Base bíblica:

Génesis 1:26-28

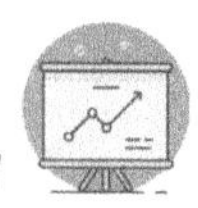

Objetivo:

Conocer que Dios hizo al hombre a su imagen y semejanza.

Preparación de la clase:

Las maestras y/o maestros deben reunirse previamente para orar a Dios por el tiempo de preparación de la clase. Luego, deberán leer y meditar cuidadosamente en la cita bíblica antes mencionada.

Introducción

Después de lo anterior, cavilar en lo siguiente:

¿Qué nos dice la cita bíblica?

¿Cómo fue creado el hombre?

¿Por qué dijo Dios lo siguiente: "Hagamos al hombre a nuestra imagen, conforme a nuestra semejanza"?

Dios creó al mundo, y todo lo que hay es por su gran amor. Aquí está indudablemente incluido el hombre a quien creó a su imagen y semejanza para la gloria de su nombre. Y todo lo que hay en el mundo es para los seres humanos.

En Hechos 17:24-25, vemos que Dios le dio al hombre inteligencia, sensibilidad, creatividad y capacidad para que pueda comunicarse con Él.

Reflexión

Debemos dar gracias a Dios por todo lo que Él ha dado. También debemos ser agradecidos por su amor y sustento, y tener plena comunión con Dios.

Además, procuremos mejorar en todas las áreas de nuestra vida.

Oremos a Dios dándole gracias; porque somos importantes para Él y por la forma especial como nos creó. También recordemos orar por los niños, a fin de que puedan agradecerle desde su tierna edad.

Al final, preparar el material para la clase.

TEMA: DIOS HIZO AL HOMBRE

CITA BÍBLICA: Génesis 1:26-28

DESARROLLO DE LA CLASE:

Recibir y ubicar a los niños y niñas teniendo en cuenta la edad de cada uno de ellos. Así pues, los bebés deberán ser puestos en coches, corrales, alfombras y petates –según las condiciones del aula–. Luego, darles la bienvenida a todos los niños y niñas, e indicarles los sectores o áreas de juego y trabajo (esto sólo para infantes a partir de los 18 meses). De esta manera, ellos podrán manipular el material dispuesto previamente en un ambiente y altura adecuados para su edad, así como también compartirlo con los(as) amiguitos(as) y maestros(as).

Concluido el tiempo anterior, todos los maestros y maestras deberán de reunir a todos los niños haciendo un círculo para orar y entonar algunas canciones a Dios dando inicio de esta manera a la clase del día.

Conversamos. En esta sección, hacer estas preguntas divertidamente obvias a los niños: "¿Todos han traído sus manos? ¿Han traído sus piernas? ¿Han traído sus cabezas?... (esperar las respuestas masivas de los pequeños, luego continuar). ¡Qué bien! Todos han traído sus manos, sus piernas, su cabeza… ¡Qué bien! Entonces, todos podemos movernos, cantando la canción 'Cabeza, hombros, rodillas, pies' de HeyKids.es (buscar en Youtube)". Seguidamente, señalar y nombrar las diferentes partes del cuerpo y –con la ayuda de los niños– mencionar para qué sirve cada una de esas partes. Añadir que Dios está muy contento de haber hecho todo y especialmente al hombre. Ya que había hecho todo; pero la obra no estaba completa hasta que hizo al hombre para que cuide de todo lo creado.

Jugamos. Pegar una figura de un hombre en el fondo de la creación, y decirles así: "Dios hizo al hombre y lo llamó Adán, y le dio la responsabilidad de cuidar todo lo creado. Le dio unas manos para que pueda coger las cosas; ojos para que pueda ver; boca para que pueda comer y hablar; orejas para que pueda escuchar; nariz para que pueda oler; y piernas para que pueda caminar, correr y saltar por todo lugar".

Aprendemos. Mencionarles a los pequeños que Dios hizo al hombre y se alegró mucho; porque todo lo que hizo es bueno.

Actividad. Ayudar a los infantes a que completen, en el dibujo, el rostro de Adán. Luego, indicarles que peguen plastilina en el cuerpo de Adán.

Despedida. Orar y despedir a los niños y niñas haciéndoles recordar que siempre deben ser agradecidos con Dios; porque Él hizo a todas las personas y las ama. Es decir que nos hizo a todos los que vivimos en el mundo.

Instrucciones

Dibuja el rostro de Adán; y pega plastilina en su cuerpo.

Base bíblica:

Génesis 2:18-25

Objetivo:

Conocer que Dios hizo a la mujer de una parte muy importante del cuerpo del hombre.

Preparación de la clase:

Las maestras y/o maestros deben reunirse previamente para orar a Dios por el tiempo de preparación de la clase. Luego, deberán leer y meditar cuidadosamente en la cita bíblica antes mencionada.

Introducción

Después de lo anterior, observar y pensar en lo siguiente:

¿Qué nos dice Génesis 2:18?

Dios no había terminado su obra aún, porque de hecho el hombre no iba a estar solo. Dios no creó nada malo, al contrario: "Todo lo hizo hermoso" y por eso estaba contento. Por esta razón, en los versículos 21 al 23, Dios hizo a la mujer, porque ambos sexos se necesitan, y por ello se buscan el uno al otro. Así pues, la mujer es el complemento del varón.

La Biblia nos habla que el hombre recibió primero las órdenes de Dios para trabajar la tierra. En ese momento, el varón estaba solo; pero luego de un tiempo, Dios hizo a la mujer.

Reflexión

Tanto el hombre como la mujer fueron creados a imagen y semejanza de Dios. El complemento que Adán necesitaba era una mujer y no un hombre. Y es una gran bendición para el hombre encontrar esposa (Proverbio 18:22).

Pedirles a las maestras que oren al Señor por la gran bendición que nos ha dado de ser mujeres; y pedirle a Dios que nos ayude a todos a ser mejores cada día más para servirle a Él y a nuestros alumnos.

Al final, preparar el material para la clase.

TEMA: DIOS HIZO A LA MUJER
CITA BÍBLICA: Génesis 2:18-25

DESARROLLO DE LA CLASE:

Recibir y ubicar a los niños y niñas teniendo en cuenta la edad de cada uno de ellos. Así pues, los bebés deberán ser puestos en coches, corrales, alfombras y petates –según las condiciones del aula–. Luego, darles la bienvenida a todos los niños y niñas, e indicarles los sectores o áreas de juego y trabajo (esto sólo para infantes a partir de los 18 meses). De esta manera, ellos podrán manipular el material dispuesto previamente en un ambiente y altura adecuados para su edad, así como también compartirlo con los(as) amiguitos(as) y maestros(as).

Concluido el tiempo anterior, todos los maestros y maestras deberán de reunir a todos los niños haciendo un círculo para orar y entonar algunas canciones a Dios dando inicio de esta manera a la clase del día.

Conversamos. Mostrar a los niños y niñas el fondo de la creación y platicar sobre lo siguiente: "¿Se acuerdan de todas las cosas que hizo Dios?... (esperar sus intervenciones, y luego continuar). Él hizo los árboles, las flores, las frutas, el sol, la luna, las estrellas, los animales, el hombre… Y qué más hizo (esperar las respuestas de los pequeños). Hizo también a la mujer; pero la hizo de la costilla de Adán y la llamó Eva (en ese momento, pegar la figura de la mujer en el fondo de la creación y al lado de Adán). A la mujer también le dio manos, piernas, cabeza, tronco, corazón, etc.; y todo con una respectiva función. Y cuando Dios hubo terminado de hacerla, la colocó al lado de Adán; y cuando él la vio, se alegró mucho".

Jugamos. Hacer una ronda con todos los niños, y pedirles que muevan su cuerpo y se señalen diferentes partes de este repitiendo el nombre de cada una de esas partes. Luego, cada maestra debe señalarse una parte de su cuerpo, y animar a que los niños digan de qué parte se trata. Después, cantar "Obedece a tu mamá, obedece a tu papá" de Biper y el patito Juan (buscar en Youtube).

Aprendemos. Mencionarles a los pequeños que todo lo que Dios hace es bueno y útil.

Actividad. En la hoja de aplicación, explicarles a los pequeños que deben de colorear el dibujo; y luego, pegar lana en el cabello de la niña (mujer).

Despedida. Orar agradeciendo a Dios por haber creado a la mujer; y pedirle que ayude a cada niño y niña a ser obediente a su madre.

Instrucciones

Colorea el dibujo y pega lana en el cabello de la niña (mujer).

LECCIÓN 11
GRACIAS, DIOS, POR PAPÁ Y MAMÁ

Base bíblica:

Éxodo 20:12

Objetivo:
Conocer que Dios hizo a mamá y papá, y darle gracias por ellos.

Preparación de la clase:
Las maestras y/o maestros deben reunirse previamente para orar a Dios por el tiempo de preparación de la clase. Luego, deberán leer y meditar cuidadosamente en la cita bíblica.

Introducción

A pesar de las tristes historias familiares, y de lo mal que se comportan muchos progenitores con sus hijos; es necesario hablar con nuestros niños y niñas sobre la importancia de obedecer a los padres. Nuestra tarea como maestras y/o maestros es enseñar la unidad familiar a la luz de la Palabra de Dios, fomentando el cumplimiento del mandato divino de honrar al padres desde la temprana edad. Muchos de nuestros infantes es posible que sólo escuchen ello en la iglesia. Prepárese pues, para enseñar este tema tan necesario; pero sin dejar de considerar que es posible también que algunos de sus pequeños alumnos provengan de una situación de orfandad, de abandono de algunos de sus progenitores, u otros casos tristes. Pida a Dios discernimiento y sabiduría para compartir el amor de Dios a los pequeños que están a su cargo.

Reflexión

¡Cuán importantes somos todos para Dios! Tanto el varón como la mujer.

Para el Señor, no hay acepción de personas. Todos somos únicos y valiosos para Él.

Dios cuida de nuestra vida y nos ayuda a realizarnos en un matrimonio.

Asimismo, bendice nuestro matrimonio desde el principio, si actuamos guiados por su voluntad.

Los esposos deben amarse mutuamente. La esposa debe mostrar "respeto" y el esposo mostrar "amor" hacia su pareja.

Orar a Dios agradeciéndole por nuestra sexualidad, y también orar por la sexualidad de los niños para que puedan desarrollarse saludablemente y en el marco de la santidad.

Al final, preparar el material para la clase.

TEMA: GRACIAS, DIOS, POR PAPÁ Y MAMÁ

CITA BÍBLICA: Éxodo 20:12

DESARROLLO DE LA CLASE:

Recibir y ubicar a los niños y niñas teniendo en cuenta la edad de cada uno de ellos. Así pues, los bebés deberán ser puestos en coches, corrales, alfombras y petates –según las condiciones del aula–. Luego, darles la bienvenida a todos los niños y niñas, e indicarles los sectores o áreas de juego y trabajo (esto sólo para infantes a partir de los 18 meses). De esta manera, ellos podrán manipular el material dispuesto previamente en un ambiente y altura adecuados para su edad, así como también compartirlo con los(as) amiguitos(as) y maestros(as).

Concluido el tiempo anterior, todos los maestros y maestras deberán de reunir a todos los niños haciendo un círculo para orar y entonar algunas canciones a Dios dando inicio de esta manera a la clase del día.

Conversamos. Mostrarles a los niños y niñas figuras o imágenes de diferentes familias (puede recortarlas de revistas, periódicos, etc.). Luego, pedirles que señalen al papá, a la mamá, a los hijos, y a otros familiares si los hubiera. En ese momento, preguntar: "¿Por qué tenemos una familia? ¿Qué hacen por nosotros los adultos?... (darles tiempo para que expresen sus ideas, luego continuar). Nos cuidan, nos dan de comer, nos compran ropa, etc. También es lindo; porque podemos jugar con nuestros hermanos, padres, y podemos leer la Biblia y orar en familia. Ellos siempre nos ayudan. Estamos agradecidos a Dios por papá y mamá. El Señor los hizo, porque sabía que eran importantes en nuestras vidas". A lo anterior, añadir: "¿Quién nos dio, entonces a nuestra familia? Sabemos, por ello también que Dios nos ama mucho por la bendición que nos ha dado".

Jugamos. Utilizando las figuras o imágenes de familias mostradas anteriormente realizar diferentes juegos relacionados a la familia. Por ejemplo: gallo, gallina, pollito, papá, mamá, bebé, etc. Se puede jugar con tres niños a la vez. Al final, se sugiere cantar "Obedece a tu mamá, obedece a tu papá" de Biper y el patito Juan (buscar en Youtube).

Aprendemos. Mencionarles a los niños que la familia es una obra maravillosa de Dios.

Actividad. Ayudar a los pequeños a que encierren en un círculo la cara de mamá y papá. Luego, decirles que coloreen todo el dibujo.

Despedida. Mencionar a los niños y niñas que debemos recordar que Adán y Eva fueron las primeras personas que Dios creó. Orar dándole gracias al Señor por la obediencia de los niños hacia sus padres.

Siempre juntos

Instrucciones

Encierra el rostro de papá y mamá; y luego, colorea todo el dibujo.

GRACIAS, DIOS, POR LOS COLORES

Base bíblica:

Génesis 1:31;
Eclesiastés 3:11-12

Objetivo:

Conocer que todo lo que Dios hizo tiene color y que Él nos ha dado la capacidad de poder ver las cosas con colores reales.

Preparación de la clase:

Las maestras y/o maestros deben reunirse previamente para orar a Dios por el tiempo de preparación de la clase. Luego, deberán leer y meditar cuidadosamente en la cita bíblica antes mencionada.

Introducción

Después, observar y meditar en la lectura bíblica.

¿Qué es lo que hizo Dios?

Dios dio el perfecto color a su creación. Todas las cosas tienen un color específico: el cielo, el mar, el sol, las plantas, las flores, las frutas, los animales, etc. Nosotros los seres humanos, como hijos bendecidos, podemos ver cada cosa con su color original. ¿Cómo sería si sólo pudiéramos ver las cosas en blanco y negro? ¿Cómo nos sentiríamos? ¿Y si el mundo no tuviera color?

Dios hizo todo de acuerdo a la necesidad del mundo. Esto es, los lindos colores y tonos que le dio a cada cosa. Dios hizo el arcoíris el cual consta de siete colores, que fue una señal de la promesa que hizo con su creación de no volver a enviar otro diluvio; pero también nos representa el colorido natural y todo lo maravilloso que sólo Él puede hacer.

Reflexión

Dios ha creado cosas perfectas, sacando todo de lo natural.

¡Qué bellos son los colores!

Los colores primarios y los colores blanco y negro nos dan la opción de obtener una gama de colores.

¿Cuáles son los objetos o elementos de color rojo? La manzana, el tomate, la fresa, etc.

¿Qué elementos u objetos son de color amarillo? El plátano, el mango, el sol, etc.

¿Cuáles son los objetos de color azul? El cielo, el mar, el río, etc.

Oremos pidiéndole al Señor que nos permita percibir las cosas, actitudes, conductas tal cual son en realidad y así ayudar a nuestros niños y a sus padres.

Al final, preparar el material para la clase, y realizar una muestra de la lección.

GRACIAS, DIOS, POR LOS COLORES

Génesis 1:31; Eclesiastés 3:11-12

DESARROLLO DE LA CLASE:

Recibir y ubicar a los niños y niñas teniendo en cuenta la edad de cada uno de ellos. Así pues, los bebés deberán ser puestos en coches, corrales, alfombras y petates –según las condiciones del aula–. Luego, darles la bienvenida a todos los niños y niñas, e indicarles los sectores o áreas de juego y trabajo (esto sólo para infantes a partir de los 18 meses). De esta manera, ellos podrán manipular el material dispuesto previamente en un ambiente y altura adecuados para su edad, así como también compartirlo con los(as) amiguitos(as) y maestros(as).

Concluido el tiempo anterior, todos los maestros y maestras deberán de reunir a todos los niños haciendo un círculo para orar y entonar algunas canciones a Dios dando inicio de esta manera a la clase del día.

Conversamos. Mencionar a los niños que Dios hizo el cielo, la tierra, el sol, la luna, las estrellas, los animales, los peces, las plantas, el hombre, la mujer; y les dio a cada uno de estos su propio color. Es decir, les dio un color natural. Y a nosotros el Señor nos ha dado la bendición de ver las cosas en su forma natural, y con los colores que sólo Él pudo hacer: rojo, azul, verde, amarillo, etc.

En este momento de la clase, se sugiere que salga del aula con los niños a dar un breve paseo por los alrededores del templo o lugar de reunión. Lo que se desea es que ellos observen el medioambiente, y se pongan en contacto con este y observen que todo tiene un color.

Al final del recorrido, anímelos a dar siempre gracias a Dios por todo.

Jugamos. Seleccionar varios objetos de diferentes colores. Decirles a los infantes que pueden manipular dichos objetos y seleccionarlos de acuerdo al color que se les indique. Por ejemplo: "Levanten fichas de color rojo (darles el tiempo adecuado para que todos puedan realizar la indicación dada)". Se recomienda realizar este juego para que los pequeños puedan familiarizarse con los colores y los puedan reconocer fácilmente, especialmente a los colores básicos.

Aprendemos. Hacerles recordar a los niños que los colores han sido creados y proporcionados por Dios, quien nos dio la bendición de ser sus hijos.

Actividad. Proveer a los infantes plastilina verde, roja y amarilla; y pedirles que la peguen en el arcoíris. Luego, indíqueles que peguen plastilina azul en las nubes.

Despedida. Orar dando gracias a Dios; porque Él hizo el arcoíris y nos recuerda así que nos cuida y nos ama.

Instrucciones

Pega plastilina verde, roja y amarilla dentro del arcoíris; y plastilina azul, dentro de las nubes.

MI DIOS TODO LO HIZO LINDO

Base bíblica:

Salmo 145:1-10

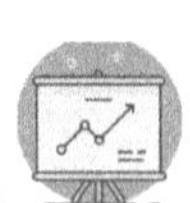

Objetivo:

Conocer que todo lo que Dios creó es muy lindo y significativo.

Preparación de la clase:

Las maestras y/o maestros deben reunirse previamente para orar a Dios por el tiempo de preparación de la clase. Luego, deberán leer y meditar cuidadosamente en la cita bíblica antes mencionada.

Introducción

Después de lo anterior, cavilar en la cita bíblica.

El salmista expresó lo que sentía su corazón.

Podemos darnos cuenta de que nadie pasa desapercibido o indiferente a lo que Dios creó.

¡Cuán hermoso es todo lo que ven nuestros ojos!... Los objetos que Dios ha creado, las cosas que se pueden transformar mediante la sabiduría que le ha concedido al hombre, y la felicidad que otorga cuando ponemos nuestra entera confianza en el Creador.

En Colosenses 1:16-17, el apóstol Pablo reveló que Cristo –el Unigénito de Dios que vino a dar paz al mundo– cumplió con el mandato de su Padre celestial participando en la creación del mundo; porque en Él fueron creadas todas las cosas. Si bien es cierto que en el mundo ahora hay cosas negativas o algunas veces perjudiciales; pero en todo, estamos seguros que nuestro refugio y consuelo es Jehová nuestro Dios, y Cristo es la cabeza de la iglesia.

Reflexión

- Dios es absoluto y no relativo.
- Él hizo todo hermoso y pertinente.
- Dios es inmutable.
- Jesucristo es el Hijo de Dios.
- El Espíritu Santo es quien nos guía y el Consolador de nuestras vidas.

Oremos por este precioso tiempo de preparación y por el compromiso de formar en los niños pequeños el favor de Dios.

Al final, preparar el material para la clase.

TEMA: MI DIOS TODO LO HIZO LINDO

CITA BÍBLICA: Salmo 145:1-10

DESARROLLO DE LA CLASE:

Recibir y ubicar a los niños y niñas teniendo en cuenta la edad de cada uno de ellos. Así pues, los bebés deberán ser puestos en coches, corrales, alfombras y petates –según las condiciones del aula–. Luego, darles la bienvenida a todos los niños y niñas, e indicarles los sectores o áreas de juego y trabajo (esto sólo para infantes a partir de los 18 meses). De esta manera, ellos podrán manipular el material dispuesto previamente en un ambiente y altura adecuados para su edad, así como también compartirlo con los(as) amiguitos(as) y maestros(as).

Concluido el tiempo anterior, todos los maestros y maestras deberán de reunir a todos los niños haciendo un círculo para orar y entonar algunas canciones a Dios dando inicio de esta manera a la clase del día.

Conversamos. A manera de resumen de todo lo estudiado anteriormente, mencionarles a los niños que Dios hizo todas las cosas y vamos a recordarlas, señalando y mencionando el nombre de cada una de ellas en una lámina grande y colorida (es la trabajada en las clases anteriores; pero si desea, bien puede hacer otra para esta clase). Entonces, indicarles que a medida que usted señale, ellos deben mencionarle el nombre. Por ejemplo: el cielo, la tierra, el sol, la luna, las estrellas, los animales, los peces, las plantas, el hombre, la mujer, etc. Hay que tratar de animar a que todos los pequeños participen con su propio lenguaje. Al final, dar gracias a Dios por todo.

Jugamos. Salir con todos los niños a un espacio propicio o –en todo caso– adecuar el aula. Trazar una línea para señalar que esa es el "agua" y la otra línea representará a la "tierra". Luego, ubicar a los niños al borde de una de las líneas trazadas. Indicarles que a la señal que se les dé, ellos deben dar saltitos con los pies juntos. Entonces, se dirá: "Agua, tierra"; y todos deberán saltar con mucho cuidado, aplaudiendo y dando gracias a Dios por toda la belleza que ha creado.

Aprendemos. Mencionarles a los infantes que Dios nos ha dado todo lo mejor y más bello; porque lo ha creado con amor.

Actividad. En las hojas de aplicación, pedirles a los pequeños que encierren en un círculo lo que más les gusta de la creación de Dios; e indicarles que coloreen toda la imagen.

Despedida. Orar a Dios agradeciendo por el tiempo de estar juntos y aprender más de Él.

Instrucciones

Encierra en un círculo lo que más te gusta de la creación de
Dios; y colorea todo el dibujo.

UNIDAD 2

CONOCIENDO Y DISFRUTANDO DE LO QUE DIOS HA CREADO

EL DÍA Y LA NOCHE

Base bíblica:

Génesis 1:3-5

Preparación de la clase:

Las maestras y/o maestros deben reunirse previamente para orar a nuestro Dios, antes de iniciar el tiempo de preparación de la clase.

Objetivo:

Conocer el día y la noche, y dar gracias a Dios por estas maravillas.

Introducción

Pensar detenidamente en el contenido de la lectura bíblica antes mencionada.

Dios hizo el mundo con un propósito muy sano y especial para cada uno de nosotros. En el capítulo 1 de Génesis, encontramos en los dos primeros versículos que la tierra estaba desordenada y vacía. Pero el poder de la Palabra del Creador hizo que la misma tierra, y todo el firmamento, obedezca y se ubique como debía de ser.

El salmista afirma lo siguiente: "Porque él dijo, y fue hecho; Él mandó, y existió" (Salmo 33:9). Notamos, por lo tanto, que a la oscuridad Dios la llamó "Noche" y a la luz la llamó "Día". Dios vio que la luz era buena y la separó de las tinieblas; de esta manera, el día y la noche vendrían a ser dos periodos de tiempo para usarlos en determinadas actividades. Así por ejemplo, el día para trabajar, caminar e interrelacionarse con la sociedad, tiempo de mayor esfuerzo. Y la noche, exclusiva para descansar a través del sueño.

Reflexión

Dios conocía desde el principio nuestra necesidad y sabía de qué manera podíamos sentirnos mejor. Por ello, el día y la noche son útiles y necesarios para nosotros. Asimismo, la luz espiritual la encontramos en Cristo, porque Él es la luz del mundo (Juan 8:12); por lo tanto, debemos nosotros –los hijos e hijas de Dios– ser también luz en medio de las tinieblas del pecado.

Oremos por este tiempo tan precioso, y por los niños y sus padres; a fin de que todos ellos entreguen sus vidas a Cristo el Salvador.

Al final, preparar el material para la clase.

TEMA: EL DÍA Y LA NOCHE

CITA BÍBLICA: Génesis: 1:3-5

DESARROLLO DE LA CLASE:

Recibir y ubicar a los niños y niñas teniendo en cuenta la edad de cada uno de ellos. Así pues, los bebés deberán ser puestos en coches, corrales, alfombras y petates –según las condiciones del aula–. Luego, darles la bienvenida a todos los niños y niñas, e indicarles los sectores o áreas de juego y trabajo (esto sólo para infantes a partir de los 18 meses). De esta manera, ellos podrán manipular el material dispuesto previamente en un ambiente y altura adecuados para su edad, así como también compartirlo con los(as) amiguitos(as) y maestros(as).

Concluido el tiempo anterior, todos los maestros y maestras deberán de reunir a todos los niños haciendo un círculo para orar y entonar algunas canciones a Dios dando inicio de esta manera a la clase del día.

Conversamos. Mostrar a los pequeños una lámina colorida de un niño o niña que esté durmiendo en su camita; y conversar sobre lo siguiente: "¿Qué está haciendo el niño o la niña? ¿A qué hora dormimos? ¿Por qué dormimos de noche? ¿Por qué no dormimos de día? ¿Qué hacemos de día? (esperar y animar a que todos participen, luego continuar). Recordemos que la noche es oscura y sólo nos alumbra la luna en el cielo; mientras que el día es claro. Es decir que el día tiene luz, hay claridad; así que podemos pasear, jugar, caminar o pasear con papá y mamá".

Terminar esta sección, haciéndoles recordar a los niños que Dios hizo todas las cosas.

Jugamos. Ubicar a los pequeños en un círculo y proveerles tubos o conos vacíos de papel higiénico, los cuales ya deberán estar forrados como si fueran telescopios (ver ideas en Internet). Primero, entregarles los telescopios con el lente tapado; y preguntarles si logran ver algo. Comentarles que eso se llama oscuridad, y es semejante a la noche. Luego, entregarles el telescopio destapado, y pedirles que miren nuevamente, y preguntarles si logran ver algo. Comentarles que la luz está relacionada con el día. Orar dando gracias a Dios por el día y la noche.

Aprendemos. Decirles a los niños y niñas que Dios hizo la luz y la oscuridad, el día y la noche; y por Él, disfrutamos de todo lo bello.

Actividad. Indicarles a los infantes que deben de completar los dibujos de los rostros (despierto y dormido), y que los coloreen.

Despedida. Orar dando gracias a Dios por toda la belleza que ha creado; por el tiempo de estar juntos y poder aprender más de Él.

Instrucciones

Dibuja el rostro de una persona que está despierta; y otra que está dormida. Luego, colorea.

Base bíblica:

Génesis 2:8-14

Objetivo:

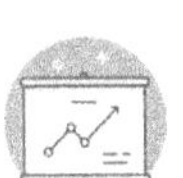

Conocer que Dios dio al hombre un hermoso lugar para que viva feliz.

Preparación de la clase:

Las maestras y/o maestros deben reunirse previamente para orar a nuestro Dios; a fin de entregar el tiempo de preparación de la clase. Luego, deben meditar en la cita bíblica mencionada.

Introducción

Notemos con atención lo siguiente:

¿Qué significa Edén? ¿Qué había en este lugar?

¿Por qué puso Dios este huerto?

¿A quiénes puso además en ese lugar?

¿Qué puso Dios en medio del huerto? ¿Qué salía del Edén?

Edén significa "paraíso terrestre o lugar muy ameno y delicado". Lugar donde Dios plantó entre otras cosas un árbol de vida y el árbol de la ciencia del bien y del mal.

La palabra *paraíso* es sinónimo de "cielo, o morada de los ángeles y de los santos o regenerados".

Por tratarse de lo que Dios había creado, y especialmente del hombre, el amor que Dios nos revela permitió que colocara a este personaje en un lugar muy hermoso que no sólo contaba con plantas, animales, cerros, montañas; sino que además completaba la hermosura, un fresco y caudaloso río que regaba el huerto. El hombre sería el administrador de lo creado; esa fue la intención de nuestro Dios; por esta razón, le hizo o formó su ayuda idónea: una mujer sacada de la costilla del varón según nos indica su Palabra en Génesis 2:22.

Reflexión

Dios, como el Autor de la vida, siempre ha conocido la necesidad del hombre.

El huerto significa las cosas bellas y significativas que Dios da al hombre y la mujer.

Debemos recordar que nosotros sólo somos administradores de las cosas que Dios nos concede.

La grandeza de Dios es el más costoso metal, es el oro de la tierra que está cubierto por el agua de vida.

Cuidemos del medioambiente y de todo lo que Dios ha creado.

Oremos agradeciendo a Dios, en representación de los niños y sus padres; porque Él nos ha hecho sus criaturas muy bendecidas.

Al final, preparar el material para la clase.

DATOS INFORMATIVOS:

TEMA: DIOS PLANTÓ UN HERMOSO JARDÍN

CITA BÍBLICA: Génesis: 2:8-14

DESARROLLO DE LA CLASE:

Recibir y ubicar a los niños y niñas teniendo en cuenta la edad de cada uno de ellos. Así pues, los bebés deberán ser puestos en coches, corrales, alfombras y petates –según las condiciones del aula–. Luego, darles la bienvenida a todos los niños y niñas, e indicarles los sectores o áreas de juego y trabajo (esto sólo para infantes a partir de los 18 meses). De esta manera, ellos podrán manipular el material dispuesto previamente en un ambiente y altura adecuados para su edad, así como también compartirlo con los(as) amiguitos(as) y maestros(as).

Concluido el tiempo anterior, todos los maestros y maestras deberán de reunir a todos los niños haciendo un círculo para orar y entonar algunas canciones a Dios dando inicio de esta manera a la clase del día.

Conversamos. Se sugiere la elaboración de un paisaje de la creación con todos sus elementos, el cual tenga un tamaño regular; a fin de que todos los alumnos puedan observarlo.

Indicarles a los niños que miren lo que Dios ha creado (deles tiempo para que miren todo y nombren el color, tamaño, la ubicación y otros detalles de cada elemento). Luego, hacerles notar que cada cosa creada sirve para algo. Dios colocó en el lugar más adecuado a cada uno de estos. Él sabía dónde era necesario; por ello, ahora nos damos cuenta que todo es lindo, que todo tiene un lugar, que todo sirve para algo, y que todo tiene su color y es bueno. Y todo ello fue posible, porque Dios lo creó con sabiduría.

Jugamos. Ambientar previamente, o con ayuda de los niños, un lugar en el aula con los elementos creados por Dios y también con elementos creados por el hombre como complemento de la sabiduría que Él le ha dado. Para ello, procurar usar recursos de la comunidad y material reciclado. Una vez que todo esté listo, pedir a los niños que observen detenidamente los elementos. Luego, entonar con ellos la canción "Dios de la creación" de Pequeños Héroes (buscar en Youtube); pero la canción debe ser acompañada de mímicas.

Aprendemos. Hacer recordar a los niños que Dios hizo un hermoso paraíso para que todos nos gocemos y lo disfrutemos.

Actividad. En las hojas de aplicación, decirles a los infantes que coloreen los dibujos usando crayones de diferentes colores.

Despedida. Orar agradeciendo a Dios por todo lo que Él creó. Y una vez más, decir con todos los niños de manera unida: "Gracias, Dios, por todo lo que creaste".

Instrucciones

Colorea el dibujo usando crayones de diferentes colores.

Base bíblica:

Génesis 1:3-4

Objetivo:

Conocer que Dios hizo el Sol, la Luna y las estrellas para alumbrar la Tierra.

Preparación de la clase

Las maestras y/o maestros deben reunirse previamente para orar a nuestro Dios; a fin de dar inicio al tiempo de preparación. Seguidamente, meditar en la cita bíblica de Génesis 1:3-4.

Introducción

Notemos con atención lo siguiente:

¿Qué nos dice la Palabra de Dios en estos versículos?

¿Para qué hizo Dios las "lumbreras en el cielo"?

¿Por qué creemos que estas maravillas fueron destinadas para el cuarto día?

¿Cuál es la función de las lumbreras en el mundo?

En la Biblia, encontramos tanto en el Antiguo Testamento como en el Nuevo Testamento que todas las lumbreras son consideradas estrellas (Génesis 15:5; Job 38:7).

En Génesis 1:3-4, vemos que Dios creó la luz en el primer día y luego de hacerla, vio que era buena. Entonces, separó la luz de las tinieblas. Y les dio a ambas sus respectivos nombres: Día y Noche, para que de esta manera se distingan.

La luz es muy indispensable para la vida misma. Asimismo, la luz artificial nos guía, nos ilumina, y es muy nítida, a diferencia de la luz artificial.

La luz nos permite mirar las cosas claramente, tal como son.

En Salmo 27:1, David dijo enfáticamente: "Jehová es mi luz y mi salvación…". El rey David reconoció que Dios es el único que podía iluminar su vida y conducirnos a salvo en medio de un mundo de oscuridad.

Reflexión

La primera obra de Dios fue iluminar al mundo; y en nosotros, iluminar nuestras vidas.

La luz es símbolo de salvación.

Los cristianos alumbramos al mundo de pecado con nuestro buen testimonio.

Jesús es la luz del mundo.

Oremos para que la luz resplandezca en el corazón de nuestros niños y sus padres; y así ellos lleguen a los pies del Señor.

Al final, preparar el material para la clase.

DATOS INFORMATIVOS:

TEMA: PARA QUÉ SIRVE LA LUZ

CITA BÍBLICA: Génesis: 1:3-4

DESARROLLO DE LA CLASE:

Recibir y ubicar a los niños y niñas teniendo en cuenta la edad de cada uno de ellos. Así pues, los bebés deberán ser puestos en coches, corrales, alfombras y petates –según las condiciones del aula–. Luego, darles la bienvenida a todos los niños y niñas, e indicarles los sectores o áreas de juego y trabajo (esto sólo para infantes a partir de los 18 meses). De esta manera, ellos podrán manipular el material dispuesto previamente en un ambiente y altura adecuados para su edad, así como también compartirlo con los(as) amiguitos(as) y maestros(as).

Concluido el tiempo anterior, todos los maestros y maestras deberán de reunir a todos los niños haciendo un círculo para orar y entonar algunas canciones a Dios dando inicio de esta manera a la clase del día.

Conversamos. Mostrar la lámina de la creación elaborada anteriormente, y pedirles a los niños que señalen el sol, la luna y las estrellas. Luego, preguntarles: "¿Para qué sirven? ¿A qué hora sale el sol? ¿A qué hora sale la luna? ¿A qué hora vemos las estrellas? (esperar y animar a que todos participen, luego continuar). Todos ellos nos dan luz, así lo hizo Dios. ¡Qué bueno que es Él! El sol hace más bello el día; y la luna y las estrellas alumbran en la oscuridad de la noche.

Jugamos. Salir con los niños del aula. Luego, pedirles que se tomen de las manos, y muestren dónde está el sol y dónde se ven en la noche las estrellas y la luna.

Aprendemos. Decirles a los pequeños que Dios hizo la luz para que todos seamos muy felices.

Actividad. Indicarles a los infantes que repasen las líneas para formar la estrella. Luego, pedirles que la coloreen; y con su ayuda, recortarla. Después, entregarles una tarjeta (elaborada de cartulina negra), y ayudarles a pegar su estrella en la parte interior de la tarjeta; y por fuera, pegar el versículo.

Despedida. Orar con los niños agradeciendo a Dios por toda la creación que Él hizo. Al final, decir a los niños que digan todos juntos: "Gracias, Dios, por la luz".

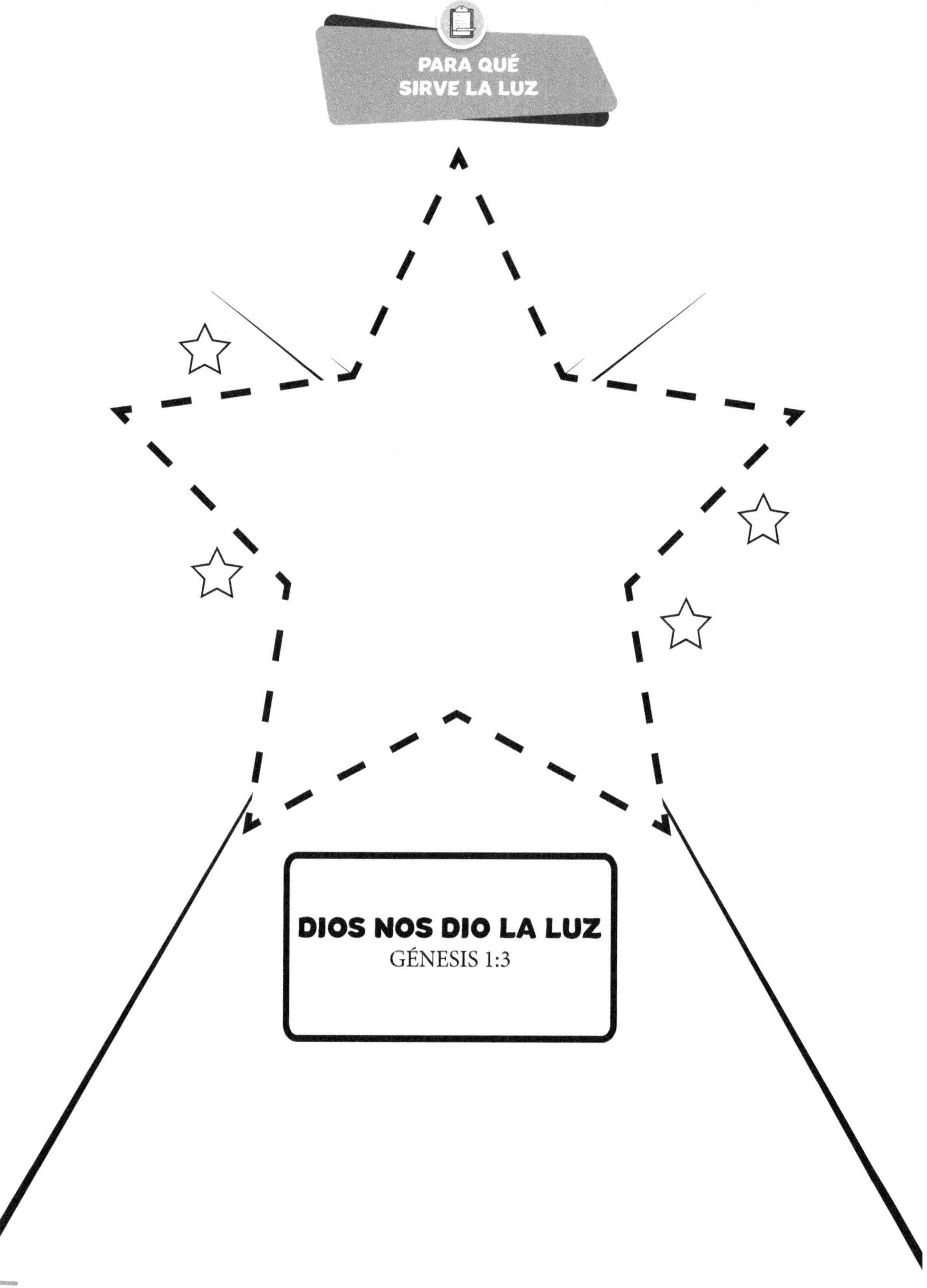

Instrucciones

Repasa la líneas de la estrella, y colorea.

Pega el letrero en la portada de la tarjeta; y la estrella, dentro de la misma.

Base bíblica:

Mateo 5:14-16, 1 Juan 1:7

Objetivo:

Conocer que nuestra luz puede guiar a otros niños a Cristo.

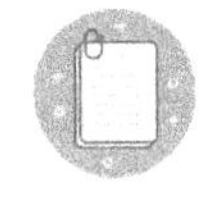

Preparación de la clase:

Las maestras y/o maestros deben reunirse previamente para orar a nuestro Dios; a fin de dar inicio al tiempo de preparación. Seguidamente, meditar en las citas bíblicas mencionadas.

Introducción

Notemos con atención lo siguiente:

¿Qué nos dice el apóstol Juan en 1 Juan 1:7?

¿Cómo debemos andar?

¿Quién nos dio el ejemplo de andar en luz?

¿Cómo es nuestra vida cuando andamos en luz?

Según Mateo 5:14, ¿qué nos dice Jesús que somos?

Según Mateo 5:16, ¿cómo debemos presentar nuestra luz?

Desde los tiempos bíblicos, se escribe y recomienda a la iglesia del Señor a andar en luz, como es digno de cristianos.

Jesús mismo nos dio el buen ejemplo de ser guía y luminar en las tinieblas del pecado donde camina la gran mayoría de personas.

Nuestra luz debe servir para alumbrar o guiar a otros a Jesucristo.

Reflexión

El Señor nos ha llamado a ser "luz" en medio del mundo de tinieblas para traer a otros hacia la luz de Cristo.

Cada vida que ha recibido a Cristo es una luz que debe reflejarse en un buen testimonio.

Los niños y niñas, desde su primera infancia, ya pueden permitir que su pequeña luz alumbre mediante su estilo de vida, a través de su conducta y su conocimiento del Señor.

Al final, preparar el material para la clase.

TEMA: MI PEQUEÑA LUZ ALUMBRARÁ

CITAS BÍBLICAS: Mateo 5:14-16; 1 Juan 1:7

DESARROLLO DE LA CLASE:

Recibir y ubicar a los niños y niñas teniendo en cuenta la edad de cada uno de ellos. Así pues, los bebés deberán ser puestos en coches, corrales, alfombras y petates –según las condiciones del aula–. Luego, darles la bienvenida a todos los niños y niñas, e indicarles los sectores o áreas de juego y trabajo (esto sólo para infantes a partir de los 18 meses). De esta manera, ellos podrán manipular el material dispuesto previamente en un ambiente y altura adecuados para su edad, así como también compartirlo con los(as) amiguitos(as) y maestros(as).

Concluido el tiempo anterior, todos los maestros y maestras deberán de reunir a todos los niños haciendo un círculo para orar y entonar algunas canciones a Dios dando inicio de esta manera a la clase del día.

Conversamos. Hacer un repaso del tema anterior conversando con los niños sobre lo siguiente: "¿Qué nos alumbra en el día? Muy bien, el sol. ¿Qué nos alumbra en la noche? Sí, la luna. ¿Qué más nos alumbra en la noche? Claro, las estrellas. ¿Qué nos proporcionan todos ellos? ¡Luz! Entonces, la luz sirve para alumbrar. Y nosotros, ¿podremos alumbrar, niños?... Sí; pero siendo buenos niños y también invitando a nuestros amiguitos a la iglesia, de esa manera somos luz para guiar a otros".

Jugamos. Dentro del aula, cerrar la puerta cuidadosamente. Luego, entregar una linterna encendida a cada niño(a) y hacer una fila con todos ellos. A continuación, dar gracias a Dios por permitirnos llevar la luz de su Palabra desde pequeños.

Aprendemos. Decirles a los niños que Dios nos ha creado, y nos ha puesto en este mundo para ser luz; también para guiar a los amiguitos y a nuestra familia a seguir su santo camino.

Actividad. En las hojas de aplicación, explicarles a los infantes que deben delinear el dibujo; y luego, colorearlo.

Despedida. Dar gracias a Dios por permitirnos llevar la luz de su Palabra desde pequeños.

Instrucciones

Delinea el dibujo con un plumón (marcador, fibrón) grueso de color azul; y decora a tu gusto.

Base bíblica:

**Génesis 1:6-8;
Salmo 23:2, 114:8**

Objetivo:

Conocer que todo lo que Dios creó es útil para nuestra vida y la de los demás.

Preparación de la clase:

Las maestras y/o maestros deben reunirse previamente para orar a nuestro Dios antes de la preparación de la clase. Luego, meditar en las citas bíblicas mencionadas.

Introducción

Pensemos detenidamente en lo siguiente:

¿Qué nos dicen las citas bíblicas anteriormente presentadas?

¿Cuál es la importancia del agua?

¿Por qué Dios la consideró vital para la creación?

En la Biblia, encontramos al agua como una expresión de gozo y paz para la vida del afligido y un elemento divino para que el hombre experimente el cuidado de Dios (Salmo 23:2).

Sin embargo, el agua también representa –de acuerdo a la Biblia– un lugar de aniego y desesperación. Pero allí se manifiesta el amor de Dios al ofrecer su socorro a los desesperados y a los que están en tiempos de prueba (Isaías 43:2).

En el Nuevo Testamento, Jesucristo nos enseña –a través de la parábola "El rico y Lázaro"– la desesperación del rico al reconocer que el agua refrescaría su lengua en el tormento de las llamas (Lucas 16:24).

Jesucristo, el Hijo de Dios, es el agua viva. Esto lo manifestó directamente a la mujer samaritana cuando le ofreció el agua viva, la misma que nos ofrece a cada uno de nosotros también.

Los ríos, mares, lagunas, lagos, etc. están formados por ese líquido elemento llamado agua, que por ser de utilidad a todas las criaturas de Dios, somos conscientes de que no podríamos vivir sin dicho elemento.

Reflexión

Dios, en su sabiduría infinita, creó todo lo indispensable.

Por amor a la humanidad, Dios creó el agua como un elemento indispensable para la vida.

Se debe enseñar a los niños y niñas a cuidar el agua y a contribuir con la limpieza del medioambiente.

Oremos dando gracias a Dios por este líquido elemento que está a disposición de nuestras necesidades físicas, y también oremos agradeciendo por el agua viva dada por el Señor y la cual satisface nuestra sed espiritual a través de su Hijo amado Jesucristo.

Al final, preparar el material para la clase.

TENEMOS AGUA EN EL MUNDO

Génesis 1:6-8; Salmo 23:2, 114:8

DESARROLLO DE LA CLASE:

Recibir y ubicar a los niños y niñas teniendo en cuenta la edad de cada uno de ellos. Así pues, los bebés deberán ser puestos en coches, corrales, alfombras y petates –según las condiciones del aula–. Luego, darles la bienvenida a todos los niños y niñas, e indicarles los sectores o áreas de juego y trabajo (esto sólo para infantes a partir de los 18 meses). De esta manera, ellos podrán manipular el material dispuesto previamente en un ambiente y altura adecuados para su edad, así como también compartirlo con los(as) amiguitos(as) y maestros(as).

Concluido el tiempo anterior, todos los maestros y maestras deberán de reunir a todos los niños haciendo un círculo para orar y entonar algunas canciones a Dios dando inicio de esta manera a la clase del día.

Conversamos. Hacer un recuento del tema de la clase anterior conversando con los niños sobre lo siguiente: "¿Quién recuerda de lo que hablamos la semana pasada? (esperar y animar a que todos participen, luego continuar). ¡Muy bien! Hablamos de la luz, pero Dios también hizo el agua. Al principio, había mucha agua en el mundo; entonces, Dios separó las aguas, y apareció el cielo arriba y el agua abajo. ¡Qué hermoso! Por eso, tenemos agua para bañarnos, jugar, asearnos y para que la mamá prepare la comida. También hay agua a través de la lluvia que refresca el ambiente, esa también es agua con que Dios nos bendice".

Jugamos. Organizar a los niños y niñas para que se laven la cara y las manos utilizando para ello un recipiente, agua y jabón. También se sugiere usar una toalla o papel toalla y un peine, así como también un espejo para que se puedan peinar. Luego, hablarles a los niños sobre la importancia de que reconozcan que el agua es muy útil para el aseo personal.

Aprendemos. Explicarles a los infantes que Dios ha creado el agua en grandes cantidades que se encuentran en ríos, lagos y mares; y por ello, hay que darle gracias a Dios.

Actividad. Indicar a los pequeños que deben repasar las líneas punteadas usando un plumón grueso de color celeste.

Despedida. Pedirles a los niños que se sienten formando un círculo, y junten sus manitos para agradecer a Dios por proveer mucha agua en el mundo.

Instrucciones

Pega algodón en las nubes.

Repasa las líneas con un plumón grueso color celeste.

Base bíblica:

Juan 7:38;
Apocalipsis 7:16-17, 21:6

Objetivo:

Conocer que niños y niñas son una fuente de bendición para su familia y otros.

Preparación de la clase:

Las maestras y/o maestros deben reunirse previamente para orar a nuestro Dios antes del tiempo de preparación de la clase. Luego, leer detenidamente los pasajes bíblicos mencionados.

Introducción

Pensemos detenidamente en el contenido de la lectura bíblica mencionada.

¿Qué nos quiso decir Jesucristo cuando refirió esas palabras?

¿Cuál es el significado del agua en cada uno de los versículos leídos?

¿Qué le sucede al que cree en Cristo?

Según Apocalipsis 21:6, ¿qué debemos hacer cuando tenemos sed? ¿Cuál fue la revelación que se le dio al apóstol Juan? ¿Quién es el Alfa y la Omega?

Según Apocalipsis 7:17, ¿hacia dónde nos guiará el Cordero de Dios?

En la Fiesta de los Tabernáculos, Jesús se sintió motivado a declarar al mundo que el agua que Él ofrecía era completamente gratuita y que aquel que ponía toda su confianza en Dios, podía obtenerla de inmediato.

La justicia y la paz son comparadas al agua del río y las ondas del mar; esto es si cumplimos los mandamientos de nuestro Dios (Isaías 48:18).

El agua, como elemento muy necesario y útil en la tierra, ha sido científicamente comprobado que está constituido por dos volúmenes de hidrógeno y uno de oxígeno (H_2O). Se solidifica a 0 ºC y hierve a 100 ºC.

Reflexión

La sabiduría y el amor que Dios nos muestra desde el principio hacen que nuestra vida se sienta muy confiada.

El agua, tanto en el mundo como en el cuerpo del ser humano, se encuentra en grandes cantidades, contribuyendo de esa manera al bienestar de la vida.

La frescura y vitalidad espiritual que propicia el cristiano e imparte al mundo incrédulo es la bendición que Dios nos ha dejado para aprovecharla llevando su Palabra cada día; porque de nuestro interior brotan ahora ríos de agua viva.

Oremos a Dios por los niños y sus padres y también por la vida de cada una de las maestras y/o maestros; a fin de ser buen ejemplo de cristianos.

Al final, preparar el material para la clase.

TEMA: YO SOY RÍO DE AGUA VIVA

CITAS BÍBLICAS: Juan 7:38; Apocalipsis 7:16-17, 21:6

DESARROLLO DE LA CLASE:

Recibir y ubicar a los niños y niñas teniendo en cuenta la edad de cada uno de ellos. Así pues, los bebés deberán ser puestos en coches, corrales, alfombras y petates –según las condiciones del aula–. Luego, darles la bienvenida a todos los niños y niñas, e indicarles los sectores o áreas de juego y trabajo (esto sólo para infantes a partir de los 18 meses). De esta manera, ellos podrán manipular el material dispuesto previamente en un ambiente y altura adecuados para su edad, así como también compartirlo con los(as) amiguitos(as) y maestros(as).

Concluido el tiempo anterior, todos los maestros y maestras deberán de reunir a todos los niños haciendo un círculo para orar y entonar algunas canciones a Dios dando inicio de esta manera a la clase del día.

Conversamos. Señalar a los niños y niñas, en la lámina del paisaje de la creación, el río y el mar. Luego, pedirles que cada uno de ellos repita la palabra *río*. En ese momento, animar a que todos participen; luego de lo cual indicarles que recuerden que Dios creó el río –que por su quietud es símbolo de paz–. Esto quiere decir también que cada uno de ellos (niños y niñas) son pequeños ríos, por su frescura y la paz que Dios les ha dado.

Jugamos. Indicarles a los pequeños que caminen sobre líneas onduladas (previamente al inicio de la clase, trazarlas en el piso). Para ello, pedirles que procuren no salirse de las líneas. Deben hacerlo primero con las manitos libres, y luego llevando sobre sus cabezas unas bolsitas pequeñas de galletitas.

Aprendemos. Recalcar que Dios ha creado el río y nos da la oportunidad de tener abundante paz si le pedimos con fe.

Actividad. Pedirles a los padres de familia que les envíen una camiseta para sus pequeños. Proveer a cada infante una témpera celeste y un hisopo; y ayudarles a que pinten el río.

Despedida. Orar dando gracias a Dios, porque podemos confiar en Él en todo tiempo y –desde pequeños– compartir su Palabra.

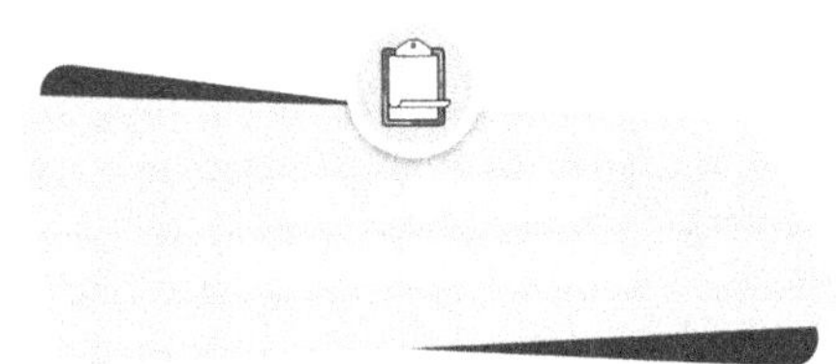

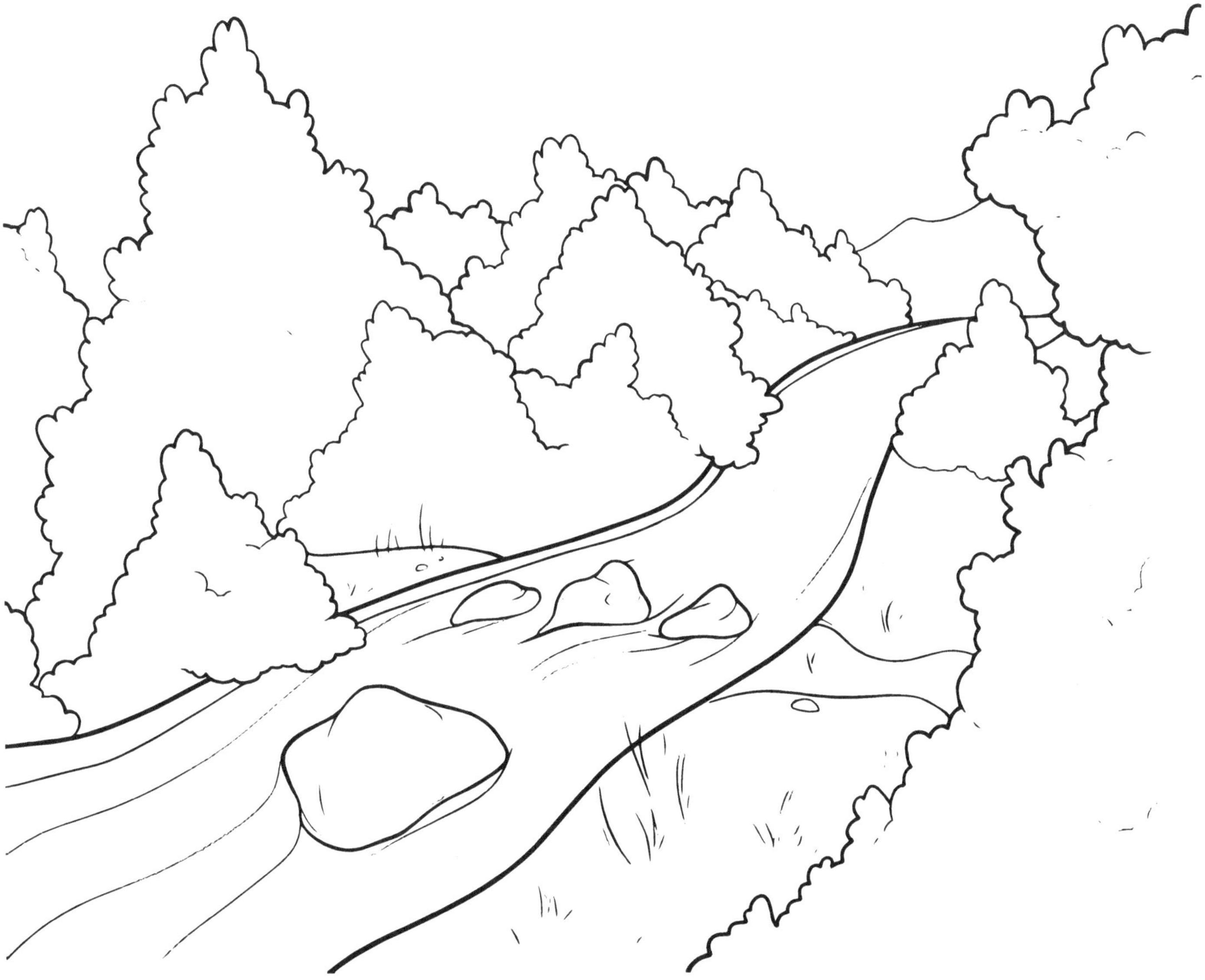

Instrucciones

Pinta el río con témpera celeste, usando un hisopo.

Base bíblica:

Génesis 1:14-19

Objetivo:

Conocer que Dios hizo el Sol como lumbrera mayor para alumbrar en el día.

Preparación de la clase:

Las maestras y/o maestros deben reunirse previamente para orar a Dios antes del tiempo de preparación de la clase. Luego, meditar en la cita bíblica mencionada.

Introducción

Pensemos detenidamente en lo siguiente:

¿Cuáles son las funciones de las dos grandes lumbreras?

¿Qué otra función desempeñan estas lumbreras?

¿Dónde puso Dios estas grandes lumbreras?

¿Qué otras lumbreras hizo Dios?

La Palabra de Dios nos da a entender que en el principio sólo había oscuridad y desorden. Dios nos está indicando que tenía en sus planes lo mejor para la humanidad; por lo tanto, la luz o la claridad que estaba proporcionándonos también estaba generando orden en el mundo, porque se orientaba a la separación o establecimiento del día y la noche, de igual manera al cambio de estaciones, clima y temperatura así como el avance del tiempo en días, meses y años, en horas, minutos y segundos.

La ubicación del Sol sería definida también en la expansión del cielo para alumbrar la Tierra.

La Luna y las estrellas, poco menores que el Sol, de igual manera tuvieron desde el momento de la creación, un papel muy importante en la Tierra: alumbrar en las noches.

Reflexión

¿Cuántas cosas bellas y significantes hizo Dios para sus criaturas?

La potestad y sabiduría de Dios nos revela que cada cosa ha sido colocada en el lugar ideal.

La presencia de Dios es la luz de nuestros días; porque nos permite caminar en claridad sin tropezar, como nos detalla Salmo 27:1.

En el principio, sólo había tinieblas hasta que Dios creó la luz.

En la oscuridad del pecado, resplandece la luz de Dios (Salmo 112:4).

Oremos agradeciendo por el tiempo de aprendizaje en la Palabra de Dios, y también pedirle al Señor que alumbre cada día nuestro andar.

Al final, preparar el material para la clase.

DATOS INFORMATIVOS:

EL SOL ALUMBRA EN EL DÍA

Génesis 1:14-19

DESARROLLO DE LA CLASE:

Recibir y ubicar a los niños y niñas teniendo en cuenta la edad de cada uno de ellos. Así pues, los bebés deberán ser puestos en coches, corrales, alfombras y petates –según las condiciones del aula–. Luego, darles la bienvenida a todos los niños y niñas, e indicarles los sectores o áreas de juego y trabajo (esto sólo para infantes a partir de los 18 meses). De esta manera, ellos podrán manipular el material dispuesto previamente en un ambiente y altura adecuados para su edad, así como también compartirlo con los(as) amiguitos(as) y maestros(as).

Concluido el tiempo anterior, todos los maestros y maestras deberán de reunir a todos los niños haciendo un círculo para orar y entonar algunas canciones a Dios dando inicio de esta manera a la clase del día.

Conversamos. Salir de paseo con los niños y niñas por los alrededores del templo o lugar de reunión, y pedirles que todos respondan lo siguiente: "¿Cómo está el día? ¿Está soleado? ¿Está nublado?... Ya sabemos que el sol alumbra de día; pero algunas veces hay nubes que no nos dejan mirar al sol. Eso significa que el día está nublado. Pero cuando el cielo está despejado, entonces el sol nos alumbra con todo su esplendor y podemos agradecer a Dios por él".

Jugamos. Entregar siluetas de diferentes figuras tales como niños, animales, sol, luna, estrellas, árboles, flores, etc. Luego, pedirle al niño que tiene la figura del sol que la levante, y pedirle que el resto de niños lo motive aplaudiéndole. Así sucesivamente, puede solicitar cualquier otra figura.

Aprendemos. Mencionar que Dios ha creado el sol para que nos alumbre en el día, nos dé alegría, y podamos pasear con papá y mamá.

Actividad. Indicar a los pequeños que coloreen el dibujo del sol. Luego, ayudarles a recortar, y pegar el sol en un CD. Si desea, que coloque cinta de agua alrededor (ver modelo).

Despedida. Orar y animar a los niños a que se preparen para servir mejor a Dios cada día.

EL SOL ALUMBRA EN EL DÍA

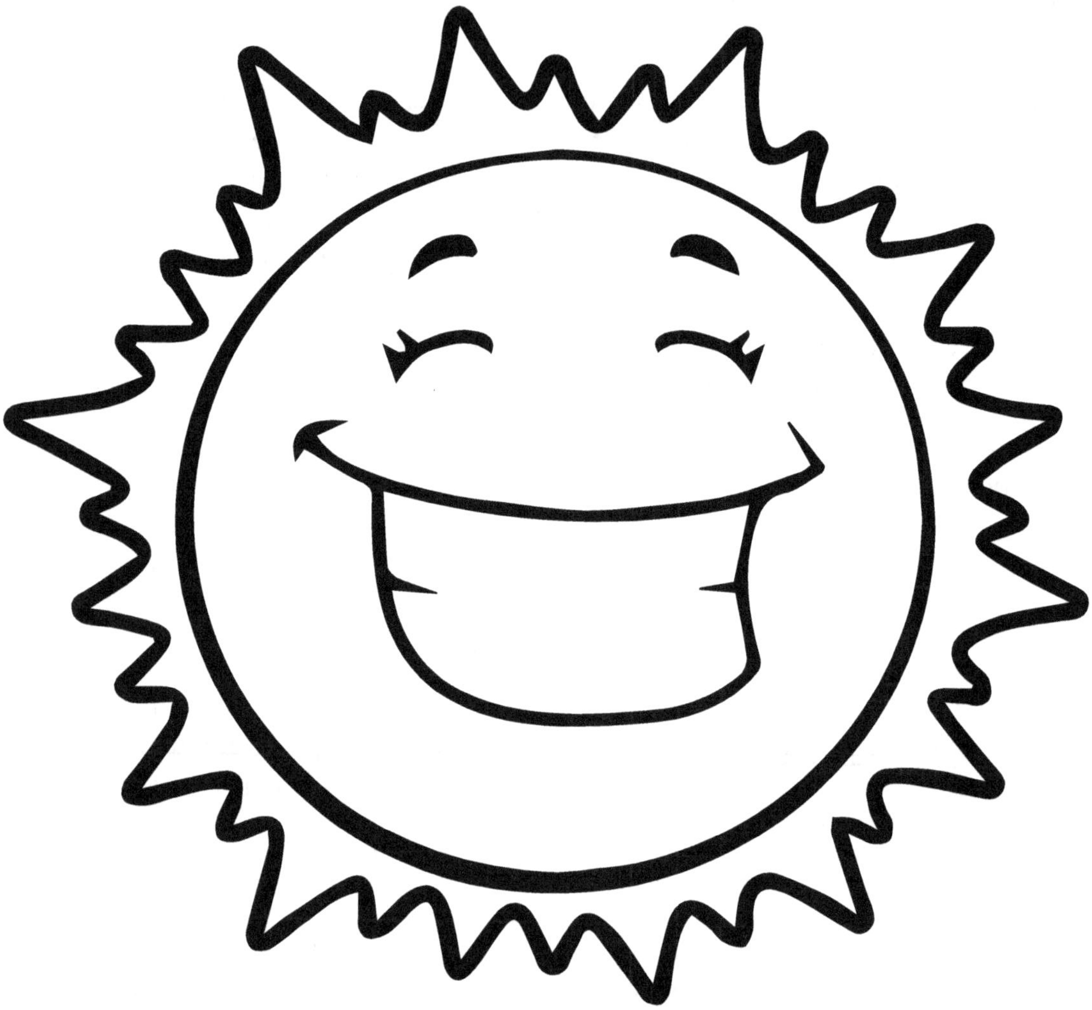

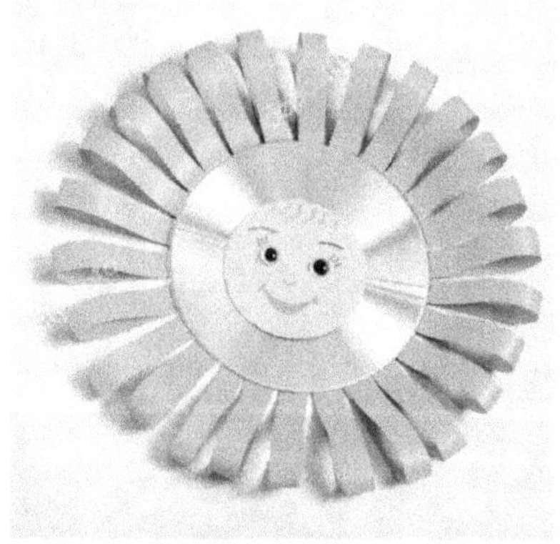

Instrucciones

Colorea la cara del sol, y pégalo en un CD. Después, coloca cinta de agua (amarillo o anaranjado) alrededor.

Base bíblica:

Génesis 1:14-16

Objetivo:

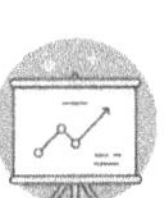

Conocer que la Luna fue creada por Dios para alumbrar exclusivamente en la noche.

Preparación de la clase:

Las maestras y/o maestros deben reunirse previamente para orar a Dios antes del tiempo de preparación de la clase. Luego, meditar en la cita bíblica mencionada.

Introducción

Pensemos detenidamente en lo siguiente:

¿Dónde y para qué fueron hechas las lumbreras?

¿Cuál es la función de las lumbreras?

¿Cómo es considerada la Luna?

¿Dónde colocó Dios a la Luna?

En el cuarto día, Dios consideró que aun las tinieblas debían ordenarse y que lo que Él en su soberanía creaba era bueno para sus criaturas. Por ello, es que en su Palabra muy enfáticamente expresó lo siguiente: "Haya lumbreras…" (Génesis 1:14), para separar el día de la noche; y luego estas nos orientarían del cambio de temperatura y el clima. Su función específica sería alumbrar sobre la Tierra; es decir, irradiar luz, guiar y orientar en medio de la más densa oscuridad.

La Luna es considerada como lumbrera menor, puesta por Dios en la expansión de los cielos para alumbrar sobre la Tierra.

Todo lo que Dios ha creado es bueno para la humanidad y tuvo un propósito especial. Desde su origen, ha sido de gran bendición (Deuteronomio 33:14). Asimismo, todo lo que Dios creó escucha y obedece a su voz (Josué 10:13).

Reflexión

Al meditar en la Palabra de Dios, entendemos que –desde el fondo del corazón del Señor– brotó el amor infinito por toda su creación de tal manera que en nuestra humildad y limitada forma de pensar, podemos reconocer ciertamente que Dios hizo grandes maravillas (Salmo 8:3; Job 5:9).

Oremos a Dios agradeciendo por la enseñanza que podemos impartir a los niños y niñas; y por la oportunidad que se nos da de compartirlo también a sus padres.

Al final, preparar el material para la clase.

TEMA: LA LUNA ALUMBRA EN LA NOCHE
CITA BÍBLICA: Génesis 1:14-16

DESARROLLO DE LA CLASE:

Recibir y ubicar a los niños y niñas teniendo en cuenta la edad de cada uno de ellos. Así pues, los bebés deberán ser puestos en coches, corrales, alfombras y petates –según las condiciones del aula–. Luego, darles la bienvenida a todos los niños y niñas, e indicarles los sectores o áreas de juego y trabajo (esto sólo para infantes a partir de los 18 meses). De esta manera, ellos podrán manipular el material dispuesto previamente en un ambiente y altura adecuados para su edad, así como también compartirlo con los(as) amiguitos(as) y maestros(as).

Concluido el tiempo anterior, todos los maestros y maestras deberán de reunir a todos los niños haciendo un círculo para orar y entonar algunas canciones a Dios dando inicio de esta manera a la clase del día.

Conversamos. Mostrar la lámina de la creación presentada en las clases anteriores, y señalar la luna y las estrellas mencionando sus nombres. Luego, preguntar a los infantes lo siguiente: "¿La luna y las estrellas nos alumbran de día o de noche? (pedir a niños voluntarios que den sus opiniones; después continuar). ¿Han visto la luna y las estrellas en el cielo? ¿Quién hizo todo esto?... (esperar las respuestas de los niños, y seguir). Recordar que cuando salen la luna y las estrellas, todos nos vamos a dormir".

A continuación, animar a que dar gracias a Dios por todo lo que ha creado.

Jugamos. Dibujar una luna grande en el piso. Luego, decir a todos los niños y niñas que se ubiquen dentro de la figura dibujada. Después, narrar un cuento relacionado a lo que se está enseñando.

Aprendemos. Mencionar que Dios ha creado la luna para que alumbre en la noche y no andemos en completa oscuridad.

Actividad. Ayudar a los pequeños a dibujar la forma de una media luna en un plato de cartón o cartulina. Luego, permitirles pintar la media luna; y entregarles la estrella que está en la hoja de trabajo, y pedirles que la pinten. Finalmente, pegar un ojo movible en la cara de la media luna, y colocarle un colgador.

Despedida. Pedirles a todos los niños que oren diciendo así: "Gracias te damos, Dios, por amarnos y cuidar de nosotros".

Paso 1 – En un plato de cartón, dibuja y corta la forma de una media luna.

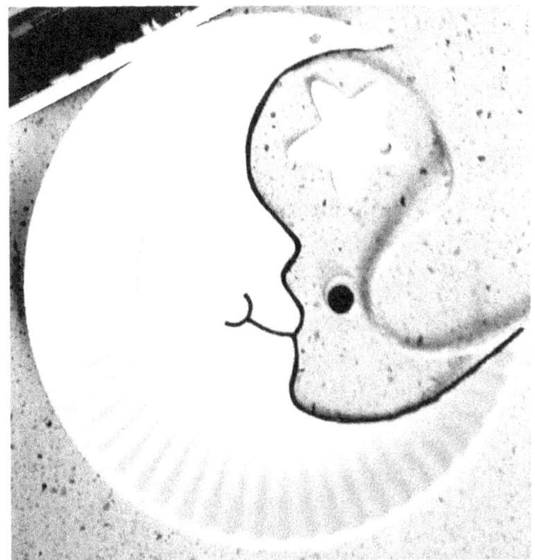

Paso 2 – Pínta la luna de color celeste y la estrella de color amarillo.

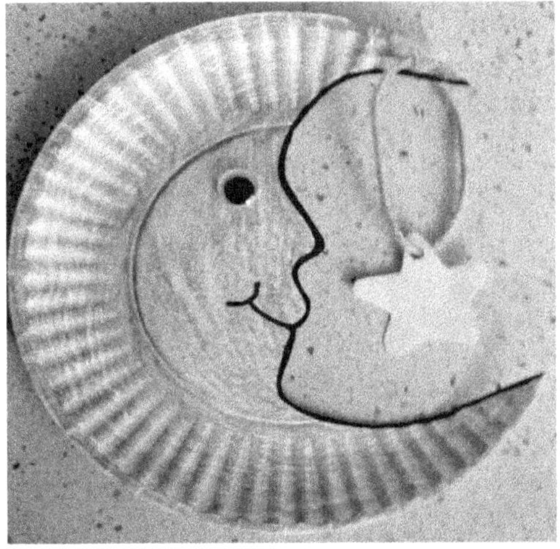

Paso 3 – Pega un ojo movible y coloca la estrella usando un pedazo de lana.

Base bíblica:

Génesis 1:20-23

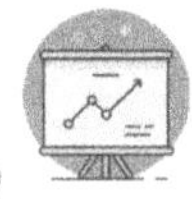

Objetivo:

Conocer que Dios creó los peces y todas las especies que habitan en las aguas.

Preparación de la clase:

Las maestras y/o maestros deben reunirse previamente para orar a Dios antes del tiempo de preparación de la clase. Luego, meditar en Génesis 1:20-23.

Introducción

Pensemos en lo siguiente:

¿Cuál fue el mandato de Dios a las aguas?

¿Qué especies produjeron las aguas? (Génesis 1:20-21)

¿Qué ordenó Dios a esta parte de la creación?

¿En qué día fueron creadas estas especies?

Cuando los mares ya estaban creados y vio Dios que era bueno, entonces les ordenó que produzcan seres vivientes (Génesis 1:21).

Dios también bendijo lo creado y les mandó diciendo: "Fructificad y multiplicaos, y llenad las aguas en los mares…". Esto es bendición que redunda en la vida del hombre, porque a través de estas maravillas Él suple las necesidades humanas (Levítico 11:9).

En Salmo 8:8-9, encontramos que todo lo que existe en el mar engrandece el nombre de Jehová nuestro Señor; porque es su Creador. En los tiempos de Jesucristo, el pescado cubrió la necesidad de alimento de miles de personas.

Reflexión

A través de los elementos del mar, Dios nos muestra su poder; porque siempre nos da abundantemente los alimentos, así como la fuente de trabajo para hombres y mujeres. Es por esto que la fe que debemos tener es que todo lo que Dios hizo es bueno y lo debemos cuidar, y no contribuir a la contaminación del medioambiente.

Oremos por esta enseñanza que se compartirá con los niños pequeños. También orar por los padres de familia, a fin de que ellos sean agradecidos con el Señor.

Al final, preparar el material para la clase.

DATOS INFORMATIVOS:

TEMA: LOS LINDOS PECES QUE DIOS CREÓ

CITA BÍBLICA: Génesis 1:20-23

DESARROLLO DE LA CLASE:

Recibir y ubicar a los niños y niñas teniendo en cuenta la edad de cada uno de ellos. Así pues, los bebés deberán ser puestos en coches, corrales, alfombras y petates –según las condiciones del aula–. Luego, darles la bienvenida a todos los niños y niñas, e indicarles los sectores o áreas de juego y trabajo (esto sólo para infantes a partir de los 18 meses). De esta manera, ellos podrán manipular el material dispuesto previamente en un ambiente y altura adecuados para su edad, así como también compartirlo con los(as) amiguitos(as) y maestros(as).

Concluido el tiempo anterior, todos los maestros y maestras deberán de reunir a todos los niños haciendo un círculo para orar y entonar algunas canciones a Dios dando inicio de esta manera a la clase del día.

Conversamos. Proporcionar a los niños figuras de peces de diferentes colores y tamaños (estas deben ser elaboradas con anterioridad por las maestras). Luego, platicar sobre lo siguiente: "¿Conocen ustedes estas figuras? ¿Qué son? ¿Para qué sirven? (esperar las respuestas de los niños, y seguir)… ¡Muy bien, son peces! ¿Quién los creó? Dios… ¡Muy bien, niños! Es verdad. Todo esto ha sido creado por Dios. Ahora, vamos a señalar los peces más grandes; también juntaremos los más pequeños, los más delgados, etc. Debemos conocer, además, dónde viven los peces. Ellos viven en el agua; sirven de alimento a las personas para que crezcan sanas y fuertes. ¿Cómo se mueven los peces en el agua?" A continuación, pedirles que todos se muevan como los peces. Después, entonar la canción "Dios creó los peces-Aventura musical" de Feliz7Kids (buscar en Youtube).

Jugamos. Hacer una ronda con todos los niños y niñas y entonar la canción "Pedro, Juan y Jacobo en la barca". Seguidamente, invitarles a que jueguen con las siluetas de pescaditos de goma eva o foami.

Aprendemos. Mencionar que Dios ha creado los peces y son de gran utilidad para nosotros, los seres humanos.

Actividad. Indicar a los pequeños que deben de colorear los peces (cabeza, aleta y cola). Luego, entregarles círculos de cartulina o goma eva (colores variados) para que los peguen como si fueran las escamas del cuerpo de los peces.

Despedida. Orar agradeciendo a Dios por un día más en la clase. Puede decirles a los niños que oren repitiendo estas palabras: "Te amamos, Dios, por la buena alimentación que nos das cada día".

Instrucciones

Colorea los peces, y pega círculos de colores encima de ellos (cartulina o goma eva).

LOS PAJARITOS LE CANTAN A DIOS

Base bíblica:

Génesis 1:20-23

Objetivo:

Conocer que Dios creó los pajaritos el día quinto y ellos le alaban en agradecimiento.

Preparación de la clase:

Las maestras y/o maestros deben reunirse previamente para orar a Dios antes del tiempo de preparación de la clase. Luego, meditar en la cita bíblica mencionada.

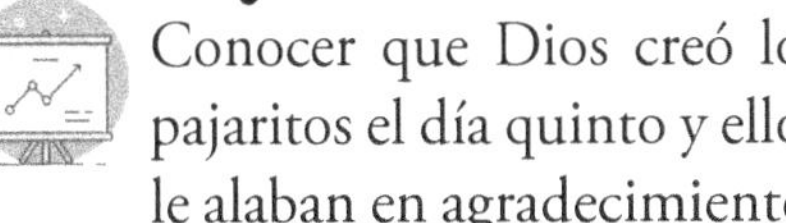

Introducción

Pensemos detenidamente en lo siguiente:

Según Génesis 1:20, ¿qué ordenó Dios a las aguas?

¿Por dónde deberían volar esas aves?

Según Génesis 1:26, ¿quién señorea en las aves de los cielos?

Las aguas fueron cuna de origen de las aves, según la orden divina. Ellas volarían sobre la tierra, en la expansión de los cielos.

El ser humano, como corona de la creación, tendría que administrar esta especie y dar cuenta a Dios de estas maravillas.

Las aves, como todo ser de la creación, tienen sus propias características, las cuales son permanentes; pero tienen también su propio ciclo de vida. Además, hay una gran variedad de aves, así como de lugares donde estas viven.

Las aves son animales indefensos que cada día alaban a Dios a través de sus variados cantos.

En el Salmo 8, el nombre de Dios se engrandece por todo lo creado. Las aves son parte de la creación, por lo que requieren cuidado, el cual viene de Dios (Mateo 6:26). Según la Biblia, hay variedad de aves y todas ellas están bajo su control.

Reflexión

Así como las aves, que son protegidas y cuidadas por nuestro Dios, y que a pesar de no tener dueño; el Señor les provee de manera que nada les falta, pues tienen el favor divino. Así también nosotros, los seres humanos, que somos la corona de la creación, podemos vivir confiadamente en Cristo. Sólo Él es el único que nos puede proveer todo lo que nos falta según sus riquezas en gloria.

Para finalizar, orar dando gracias a Dios por las aves y por el cuidado que Dios tiene para su creación.

Al final, preparar el material para la clase.

DATOS INFORMATIVOS:

TEMA: LOS PAJARITOS LE CANTAN A DIOS
CITA BÍBLICA: Génesis 1:20-23

DESARROLLO DE LA CLASE:

Recibir y ubicar a los niños y niñas teniendo en cuenta la edad de cada uno de ellos. Así pues, los bebés deberán ser puestos en coches, corrales, alfombras y petates –según las condiciones del aula–. Luego, darles la bienvenida a todos los niños y niñas, e indicarles los sectores o áreas de juego y trabajo (esto sólo para infantes a partir de los 18 meses). De esta manera, ellos podrán manipular el material dispuesto previamente en un ambiente y altura adecuados para su edad, así como también compartirlo con los(as) amiguitos(as) y maestros(as).

Concluido el tiempo anterior, todos los maestros y maestras deberán de reunir a todos los niños haciendo un círculo para orar y entonar algunas canciones a Dios dando inicio de esta manera a la clase del día.

Conversamos. Mostrar diferentes clases de pájaros en una lámina, y a partir de ello, platicar sobre lo siguiente con los niños: "¿Conocen cómo se llaman estos animales? (siempre esperar las intervenciones de los pequeños; y luego, continuar). Sí, se llaman pájaros. ¿Quién los creó?... Dios los hizo con su poder. ¡Muy bien! Ahora, observen esto: ¿Cómo son cada uno de ellos? ¿Qué cubre sus cuerpos? ¿Qué más tienen? Tienen pico, plumas de diferentes colores; también tienen patas. Con sus alas, pueden volar muy alto. Hay pájaros o aves grandes y pequeños. Y ellos le cantan a Dios; de esa manera le agradecen todo lo que Él hace por ellos".

Jugamos. Indicar a todos los niños y niñas que hagan una fila; luego, que levanten sus manitos y traten de imitar el vuelo de los pájaros.

Aprendemos. Hacer recordar a los infantes que Dios ha creado los pajaritos y que Él los cuida, especialmente a los pajaritos silvestres.

Actividad. En las hojas de aplicación, indicarles a los niños que coloreen y luego, que peguen plumas en el dibujo del ave.

Despedida. Orar agradeciendo a Dios; porque Él nos dará siempre lo que es bueno para nosotros.

LOS PAJARITOS LE CANTAN A DIOS

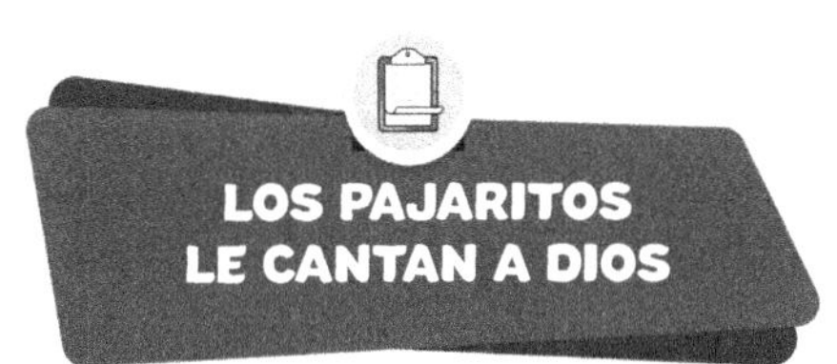

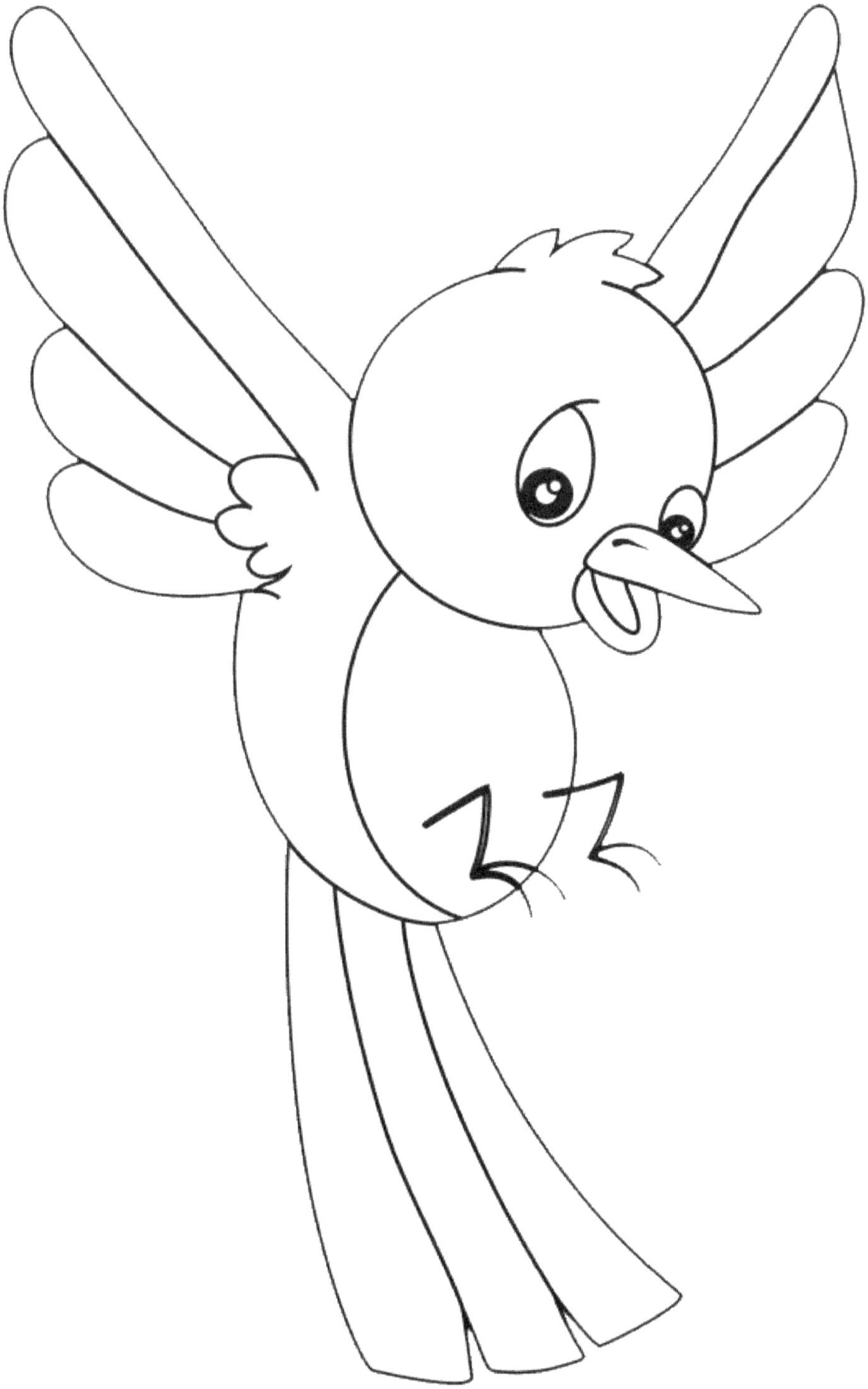

Instrucciones
Colorea y pega plumas al ave.

Base bíblica:

Génesis 1:24-25

Objetivo:

Conocer y valorar la variedad de animales creados por Dios para beneficio de nosotros.

Preparación de la clase:

Las maestras y/o maestros deben reunirse previamente para orar a Dios antes del tiempo de preparación de la clase. Luego, meditar en la cita bíblica mencionada.

Introducción

Pensemos detenidamente en lo siguiente:

¿Qué ordenó Dios a la tierra?

¿Qué especies se detallan en estos versículos?

¿Para qué o con qué motivo creó Dios a los animales?

En esta oportunidad, estamos reiterando este precioso acontecimiento que es la creación de los animales y podemos afirmar una vez más que Dios existe desde siempre y ha creado el universo con el poder de su Palabra. También tengamos presente que el Señor considera que los animales son de mucha utilidad para el ser humano; y por ello, la Biblia nos detalla de los nombres y variedades de estos.

Según Levítico 11, había animales limpios e inmundos; asimismo animales de compañía para el hombre, ya sea en el campo o en la ciudad. De esta manera, se destacan los caballos, burros; pero también se señalan otros animales tales como el buey, becerro, cabras, carneros, etc. que sirven de ayuda y alimento al hombre. Todos ellos merecen cuidado y protección; porque son creación de Dios, y el ser humano tiene la tarea de ser administrador y corona de la creación.

Reflexión

¡Cuántas cosas bellas hizo Dios con el poder de su Palabra! Debemos, por ello, formar en los niños el respeto a toda forma de vida; pues a todos el Señor nos creó con infinito amor.

Para finalizar, orar dando gracias a Dios por su creación y sus beneficios.

Al final, preparar el material para la clase.

TEMA: LOS ANIMALES SON MUY IMPORTANTES

CITA BÍBLICA: Génesis 1:24-25

DESARROLLO DE LA CLASE:

Recibir y ubicar a los niños y niñas teniendo en cuenta la edad de cada uno de ellos. Así pues, los bebés deberán ser puestos en coches, corrales, alfombras y petates –según las condiciones del aula–. Luego, darles la bienvenida a todos los niños y niñas, e indicarles los sectores o áreas de juego y trabajo (esto sólo para infantes a partir de los 18 meses). De esta manera, ellos podrán manipular el material dispuesto previamente en un ambiente y altura adecuados para su edad, así como también compartirlo con los(as) amiguitos(as) y maestros(as).

Concluido el tiempo anterior, todos los maestros y maestras deberán de reunir a todos los niños haciendo un círculo para orar y entonar algunas canciones a Dios dando inicio de esta manera a la clase del día.

Conversamos. Conseguir animales de peluche que reproduzcan los sonidos que naturalmente ellos realizan, y presentárselos a los niños (se sugiere que los peluches sean de los animales más conocidos en su comunidad). A continuación, preguntarles a los pequeños el nombre de cada uno de esos animales (esperar las respuestas de todos los niños, y seguir). Luego, mencionar quién creó a esos animales y cómo debemos tratarlos en casa. Recalcar a los niños que debemos de cuidarlos, alimentarlos y darles el trato que se merecen por ser también obra de Dios. También decirles a los niños que no debemos jugar con ellos maliciosa o toscamente para no maltratarlos; porque no son juguetes, sino seres vivos.

Terminar este momento motivando a los pequeños a dar las gracias a Dios por todo lo lindo que hizo.

Jugamos. Imitar, con los niños y niñas, los sonidos que producen algunos animales. También puede decirles que salten como los conejitos y corran como los perritos.

Aprendemos. Mencionar que Dios ha creado los animales y debemos cuidarlos mucho; porque varios de ellos fueron creados para compañía del hombre.

Actividad. Ayudar a los infantes a que unan los animales con los productos que estos nos brindan. Luego, que coloreen.

Despedida. Hacer una oración e incluir las peticiones que cada niño haya traído ese día.

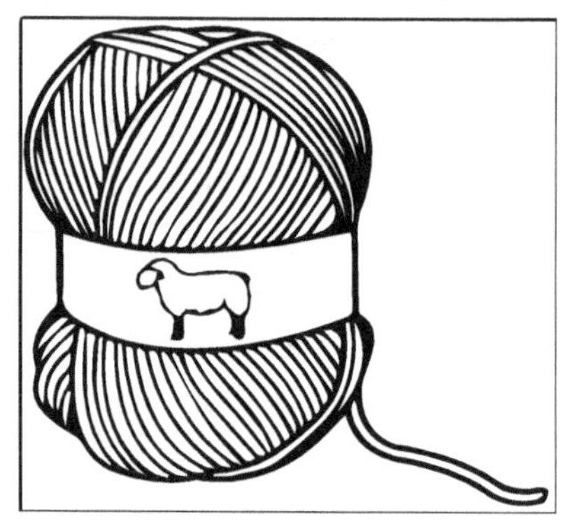

Instrucciones

Une la imagen del animal con el producto que este nos brinda;
y colorea.

LOS NIÑOS Y LAS NIÑAS VIENEN DE DIOS

Base bíblica:

Génesis 1:28, 33:5

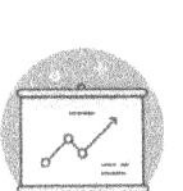

Objetivo:

Conocer que los hijos son un regalo de Dios, porque Él los creó.

Preparación de la clase:

Las maestras y/o maestros deben reunirse previamente para orar a Dios antes del tiempo de preparación de la clase. Luego, meditar en Génesis 1:28, 33:5.

Introducción

Pensemos detenidamente en lo siguiente:

¿Cómo considera Dios a los hijos?

¿Qué significan para Dios los hijos?

¿Cuál sería el sentir de Dios cuando ordenó la multiplicación de la raza humana?

En Salmo 127:3, encontramos que los hijos son herencia de Jehová y fruto estimable de las entrañas de una mujer.

Los niños y las niñas son altamente estimados por el Creador. De hecho, Él les dio un lugar muy importante; pues los consideró merecedores de su Reino, por su inocencia y su sinceridad. También, Jesús invitó a los niños y niñas a su regazo, y los bendijo a pesar de que se les quería limitar su participación (Mateo 19:14).

Reflexión

Desde la creación, los niños y niñas son altamente estimados por Dios quien es el Autor de la vida y que los consideró como un regalo para cada familia.

Por lo tanto, somos conscientes que todos hemos gozado de esa infancia y nos enseñaron en esa etapa que Dios cuida de cada uno de nosotros; y da bendición a la familia que tiene niños. Así también, a los hogares que no pudieron tener niños por motivo de infertilidad, se les debe comunicar que el Señor les ha dado la oportunidad de engendrar hijos espirituales.

Oremos para que Dios nos ayude a valorar a cada niño como se lo merece.

Al final, preparar el material para la clase.

LOS NIÑOS Y LAS NIÑAS VIENEN DE DIOS

Génesis 1:28, 33:5

DESARROLLO DE LA CLASE:

Recibir y ubicar a los niños y niñas teniendo en cuenta la edad de cada uno de ellos. Así pues, los bebés deberán ser puestos en coches, corrales, alfombras y petates –según las condiciones del aula–. Luego, darles la bienvenida a todos los niños y niñas, e indicarles los sectores o áreas de juego y trabajo (esto sólo para infantes a partir de los 18 meses). De esta manera, ellos podrán manipular el material dispuesto previamente en un ambiente y altura adecuados para su edad, así como también compartirlo con los(as) amiguitos(as) y maestros(as).

Concluido el tiempo anterior, todos los maestros y maestras deberán de reunir a todos los niños haciendo un círculo para orar y entonar algunas canciones a Dios dando inicio de esta manera a la clase del día.

Conversamos. Indicarles a los niños que todos se presentarán. Luego, colocar a cada niño (en su pecho) un gafete que tenga su respectivo nombre. Después, sugerimos que usted lea el nombre de cada niño, pidiéndoles por anticipado a los otros niños que repitan cada nombre seguido de la frase "es creación de Dios". Por ejemplo: "Martha es creación de Dios" (animar a los niños para que todos participen). Seguidamente, pedir a los infantes que observen el cuerpo de cada amiguito y digan todos juntos: "… tiene brazos, piernas, cabeza, cuerpo, cara, ojos, boca…". A continuación, decirles que señalen su cuerpo o algunas partes de este, según mencione usted. En simultáneo, preguntarles para qué sirve cada parte del cuerpo (esperar a que todos los niños participen, y después, seguir).

Recalcarles que Dios nos hizo, y debemos agradecerle siempre.

Jugamos. Indicar a todos los niños que cada uno de ellos jugarán con muñecos articulados de cartón o triplay. Lo que ellos deben de lograr es hacer que sus muñecos caminen y realicen una serie de movimientos, de acuerdo a lo que les indique usted.

Aprendemos. Decirles a los infantes que Dios ha creado a todos los niños y niñas; por eso, somos felices y damos gracias a Dios.

Actividad. Indicarles a los pequeños que pinten las caritas; y proveerles plastilina o lana para que decoren el cabello.

Despedida. Cierre con una oración de agradecimiento a Dios por habernos creado, e intercediendo por las necesidades específicas de cada niño y niña.

Instrucciones

Colorea las caritas de ambos niños; y pega plastilina o lana en sus cabellos.

¿CÓMO ES MI FAMILIA?

Base bíblica:

Génesis 2:21-24, 33:5

Objetivo:

Conocer que todos formamos parte de una familia.

Preparación de la clase:

Las maestras y/o maestros deben reunirse previamente para orar a Dios antes del tiempo de preparación de la clase. Luego, meditar en las citas bíblicas mencionadas.

Introducción

Pensemos detenidamente en lo siguiente:

¿Quién formó la familia?

¿Para qué fue formada la familia?

¿Por quiénes está integrada la familia?

¿De quién son los hijos?

¿Son los hijos propiedad de los padres?

Podemos notar, a la luz de las Sagradas Escrituras, que Dios en su infinito poder considera al hombre como la corona de la creación por lo que le da una gran responsabilidad en el mantenimiento y desarrollo del mundo, y además en la realización de su propia familia. De tal manera que cuando creó a la mujer del costado de Adán, este se sintió muy feliz y expresó: "Esta es ahora hueso de mis huesos y carne de mi carne…" (Génesis 2:23); es decir que el hombre sentía que tenía a partir de allí una ayuda y un complemento para sacar adelante una familia que por cierto incluiría a los hijos también.

Por lo tanto, los hijos son la bendición y el regalo que Dios otorgó a cada pareja. No son propiedad de los padres, porque es Dios el verdadero propietario. Pero los padres nos identificamos con lo que Dios nos dio, porque tenemos que cuidar de ellos y dar cuentas de esta mayordomía (Génesis 48:9; Josué 24:3).

Reflexión

La familia es la célula fundamental de la sociedad, según el concepto secular. Esto es cierto; pues se corrobora con la bendita Palabra de Dios. Es decir que la responsabilidad radica en Adán y en la familia que este formó. No obstante, a nosotros también nos dio –o es probable que en el futuro nos lo dé– la dicha de formar una familia y ser padres. La responsabilidad que tenemos con los hijos que el Señor nos ha dado es criarlos en el amor y el temor de Dios.

Oremos por este tiempo, por los niños y sus padres.

Al final, preparar el material para la clase.

DATOS INFORMATIVOS:

TEMA: ¿CÓMO ES MI FAMILIA?

CITAS BÍBLICAS: Génesis 2:21-24, 33:5

DESARROLLO DE LA CLASE:

Recibir y ubicar a los niños y niñas teniendo en cuenta la edad de cada uno de ellos. Así pues, los bebés deberán ser puestos en coches, corrales, alfombras y petates –según las condiciones del aula–. Luego, darles la bienvenida a todos los niños y niñas, e indicarles los sectores o áreas de juego y trabajo (esto sólo para infantes a partir de los 18 meses). De esta manera, ellos podrán manipular el material dispuesto previamente en un ambiente y altura adecuados para su edad, así como también compartirlo con los(as) amiguitos(as) y maestros(as).

Concluido el tiempo anterior, todos los maestros y maestras deberán de reunir a todos los niños haciendo un círculo para orar y entonar algunas canciones a Dios dando inicio de esta manera a la clase del día.

Conversamos. Formar un círculo en el aula con los niños y niñas, y pedirles que se sienten sobre el tapiz o alfombra. A continuación, entregarle a cada niño una figura, la cual esté hecha en cartulina o corrospum. Tal figura puede corresponder a una mamá, un papá, un gallo, una gallina, un pollito, un toro, una vaca, un ternero, etc. Después, preguntar a cada niño qué figura tiene. Luego, pedir que junten sus figuras con las de otros amiguitos tratando de formar grupos de familia. Mencionar que Dios creó a las familias; y por eso, nosotros también tenemos una familia. Le sugerimos detenerse aquí, y pedirles a los niños y niñas que piensen en quién es su familia, y con quiénes viven en su casa (animar a que todos participen). A continuación, pedirles que observen la lámina de una familia, y entonar la canción "Jesús nos ama a cada uno". Terminar esta sección agradeciendo a Dios por haber creado a la familia.

Jugamos. Repartir a todos los niños y niñas las fichas de la familia, y pedirle a cada uno que mencione la figura que le ha tocado. Luego, solicitarles a los que tienen una ficha con la imagen de un papá que las levanten. Después, indicarles a los que tienen las fichas con las imágenes de una mamá que las levanten. Y finalmente, pedirles que levanten sus fichas los que tienen imágenes de hijos.

Lo que se desea es que todos los niños participen. Seguidamente, indicarles a los niños que intercambien sus fichas entre ellos, y sigan jugando hasta que puedan formar familias con facilidad.

Aprendemos. Mencionar que Dios ha creado a la familia con mucho amor, y que esta es la base fundamental de la sociedad.

Actividad. Pedir anticipadamente al papá o a la mamá una foto de su familia. Luego, ayudarles a los niños a que la peguen dentro del cuadro, y lo decoren.

Despedida. Invitar a un niño o niña voluntario que dirija la oración por las familias de todos los presentes.

¿CÓMO ES MI FAMILIA?

MI FAMILIA

Instrucciones

Pega una foto de tu familia; y decora el cuadro.

CONOCIENDO EL CUERPO QUE DIOS ME HA DADO

SEMANA 1: TE DOY GRACIAS, DIOS, POR MIS MANITOS

SEMANA 2: TE DOY GRACIAS, DIOS, POR MIS PIES

SEMANA 3: TE DOY GRACIAS, DIOS, POR MIS OJOS

SEMANA 4: TE DOY GRACIAS, DIOS, POR MI NARIZ

SEMANA 5: TE DOY GRACIAS, DIOS, POR MI BOCA

SEMANA 6: TE DOY GRACIAS, DIOS, POR MIS OREJAS

SEMANA 7: CON MIS MANOS, PUEDO TOCAR

SEMANA 8: CON MIS PIES, PUEDO CAMINAR

SEMANA 9: CON MIS OJOS, PUEDO VER

SEMANA 10: CON MI NARIZ, PUEDO OLER

SEMANA 11: CON MI BOCA, PUEDO HABLAR

SEMANA 12: CON MIS OÍDOS, PUEDO ESCUCHAR

SEMANA 13: DIOS HIZO TODO MI CUERPO

TE DOY GRACIAS, DIOS, POR MIS MANITOS

Base bíblica:

Génesis 1:26-27

Objetivo:

Conocer que Dios hizo nuestras manos y, por eso, debemos darle gracias.

Preparación de la clase:

Las maestras y/o maestros deben reunirse previamente para orar a Dios por el tiempo de preparación de la clase. Luego, deberán leer y reflexionar cuidadosamente en la cita bíblica antes indicada.

Introducción

Estudiar Génesis 1:26-27, y después plantear las siguientes interrogantes:

¿Qué nos dice la Palabra de Dios en este pasaje bíblico?

¿Cuál es el origen del ser humano?

Reconocemos que somos creación de Dios y que su amor es infinito para cada uno de nosotros. Además, reconocemos que somos salvados por Cristo y formamos su iglesia.

Leer también Colosenses 1:15-23. Claramente, se puede notar que hay una relación estrecha entre Dios, Jesús y su creación.

Dios nos creó para darle la gloria y la honra (Isaías 43:7); por lo tanto, Él conoce todos los aspectos de nuestra vida, es decir, nos conoce completamente.

Reflexión

Ahora, miremos nuestras manos (derecha e izquierda), y reflexionemos en estas preguntas: ¿qué hacemos con ellas?, ¿serán utilizadas para buenas obras? Indudablemente, Dios nos ha dado habilidades; pero también con las manos podríamos hacer cosas malas. Recordemos, por ejemplo, algunas cosas que no le agradan a Dios.

Hagamos una lista de las cosas buenas y malas que hemos hecho.

Debemos hacer un fiel compromiso con Dios de usar siempre nuestras manos para hacer el bien y evitar las cosas que ofenden a Dios.

Para concluir, preparar el material para la clase.

TEMA: TE DOY GRACIAS, DIOS, POR MIS MANITOS

CITA BÍBLICA: Génesis 1:26-27

DESARROLLO DE LA CLASE:

Recibir y ubicar a los niños y niñas teniendo en cuenta la edad de cada uno de ellos. Así pues, los bebés deberán ser puestos en coches, corrales, alfombras y petates –según las condiciones del aula–. Luego, darles la bienvenida a todos los niños y niñas, e indicarles los sectores o áreas de juego y trabajo (esto sólo para infantes a partir de los 18 meses). De esta manera, ellos podrán manipular el material dispuesto previamente en un ambiente y altura adecuados para su edad, así como también compartirlo con los(as) amiguitos(as) y maestros(as).

Concluido el tiempo anterior, todos los maestros y maestras deberán de reunir a todos los niños haciendo un círculo para orar y entonar algunas canciones a Dios dando inicio de esta manera a la clase del día.

Conversamos. Mostrar láminas de personas que usan las manos para el cumplimiento de sus tareas, tales como albañiles, lavanderas, cocineras, etc.

Después, indicarles lo siguiente: "Niños y niñas, mostremos nuestras manitos (tratando que todos lo hagan). ¿Cómo se llaman? Manos… (todos deben de repetir). ¡Muy bien, se llaman manos! Todos levantemos las manos y digamos así: Estas son las manos de… (y mencionamos el nombre de cada niño/a).

Ahora, recordemos qué podemos hacer con las manos (en ese momento, animar a que todos los niños participen; y luego continuar). Podemos escribir, aplaudir, vestirnos, comer, pintar, dibujar y muchas cosas más".

Jugamos. Indicar a los niños que se va a esconder las manitos atrás. Luego, preguntarles dónde están sus manos (pedir a todos los niños y niñas que muestren las manitos). Después, indicar que sólo las niñas esconderán sus manitos. Luego, repetir las preguntas, pero dirigirlas a los niños varones; y al final, preguntarles a todos los niños y niñas tratando que participen.

Aprendemos. En este momento de la sesión, se puede hacer las siguientes preguntas: "¿Quién hizo las manos? (motivar a que todos los niños y niñas participen en orden; luego, continuar)… ¡Dios! ¡Muy bien! Demos gracias a Dios por haber hecho nuestras manos".

Luego, comunicarles a los pequeños que ellos realizarán trabajos con sus propias manos.

Actividad. Ayudar a cada infante para que introduzca su dedo índice en témpera; y luego, estampe su huella digital repetidamente en el dibujo de las manos.

Despedida. Hacer repasar a los niños lo siguiente: "Gracias, Dios, por mis manos". Después, orar agradeciendo por el tiempo de estar juntos y aprender de Dios.

TE DOY GRACIAS, DIOS, POR MIS MANITOS

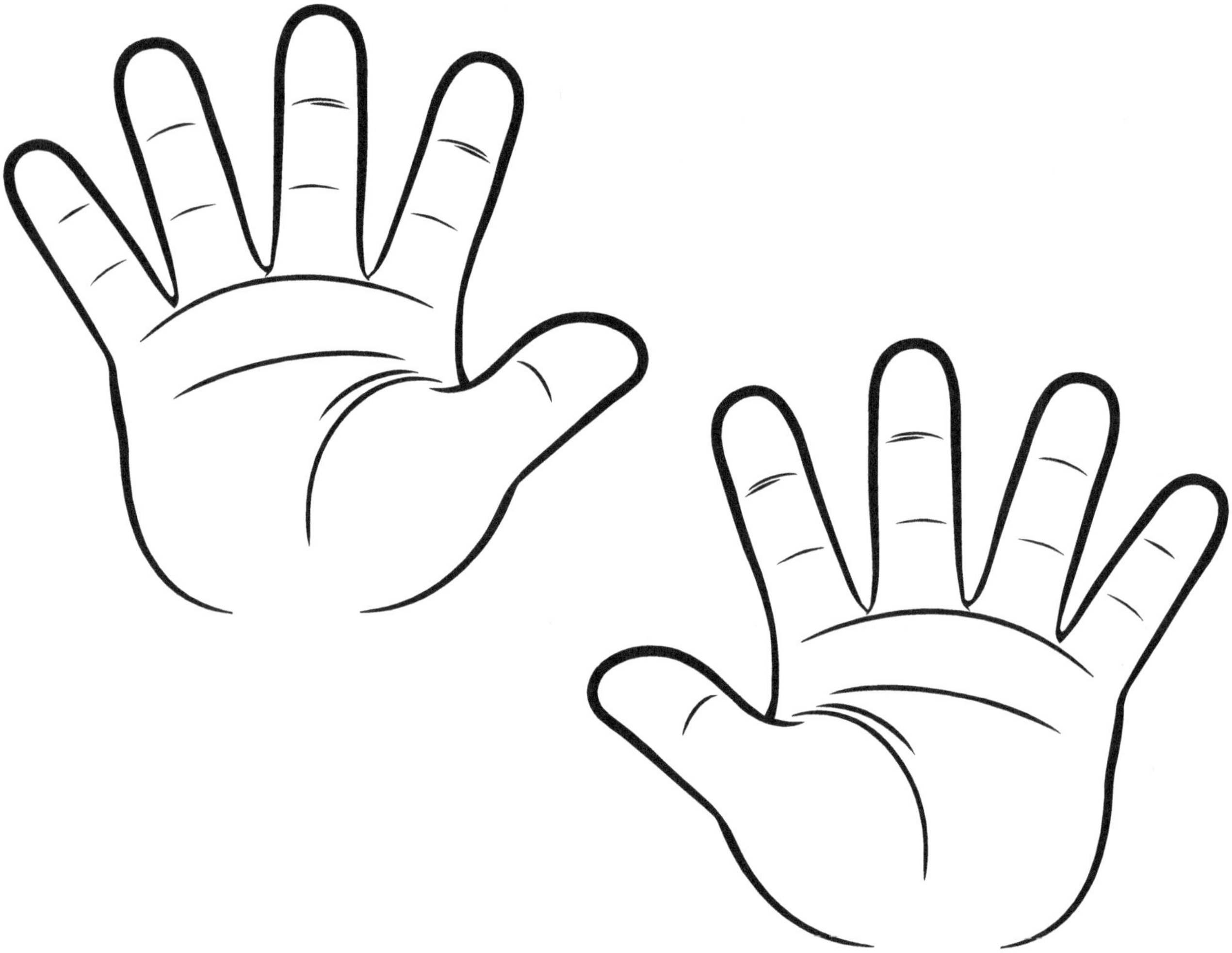

Instrucciones

Introduce tu dedo índice en témpera; y estampa tu huella digital para decorar las manitos.

Base bíblica:

Salmo 37:31

Objetivo:

Entender que Dios hizo nuestros pies y agradecerle por ello.

Preparación de la clase:

Las maestras y/o maestros deben reunirse previamente para orar a Dios por el tiempo de preparación de la clase. Luego, deberán leer y reflexionar cuidadosamente en la cita bíblica antes indicada.

Introducción

Estudiar el contenido de Salmo 37:31, y observar cuidadosamente las siguientes verdades:

Dios dirige nuestras vidas e ilumina nuestro caminar.

La senda que nos ha trazado es segura y nos conduce a buen término. De manera que usamos los pies para caminar bajo su voluntad.

Posteriormente a lo anterior, leer Proverbio 4:26-27, y reflexionar en lo siguiente:

- Caminamos por un buen camino.
- Con la ayuda de Dios, no nos desviamos.
- Con la lectura bíblica y nuestros devocionales, estamos siempre fortalecidos en el camino del bien.
- Procuremos encontrarnos cada día con el Señor.
- Elegir un lugar adecuado para orar.
- Solicitar su perdón por las ofensas cometidas.
- Leer la Palabra de Dios y meditar sabiamente en el contenido de la misma.

Reflexión

Pensar en lo siguiente: ¿cómo es nuestro tiempo devocional? El tiempo devocional es la parte primordial del cristiano y, como maestras y maestros, debemos darle la importancia debida. Es decir, debemos procurar que nuestro tiempo devocional sea un hábito positivo que redunde en nuestras vidas espirituales para después poder formar a los niños y las niñas como cristianos sólidos.

En el tiempo de la oración, escuchemos atentamente lo que Dios habla a nuestras vidas.

Oremos pidiéndole al Señor que nos ayude a poner en práctica lo que hemos aprendido; pero también oremos por la vida de nuestros bebés y sus padres.

Para concluir, preparar el material para la clase.

TEMA: TE DOY GRACIAS, DIOS, POR MIS PIES
CITA BÍBLICA: Salmo 37:31

DESARROLLO DE LA CLASE:

Recibir y ubicar a los niños y niñas teniendo en cuenta la edad de cada uno de ellos. Así pues, los bebés deberán ser puestos en coches, corrales, alfombras y petates –según las condiciones del aula–. Luego, darles la bienvenida a todos los niños y niñas, e indicarles los sectores o áreas de juego y trabajo (esto sólo para infantes a partir de los 18 meses). De esta manera, ellos podrán manipular el material dispuesto previamente en un ambiente y altura adecuados para su edad, así como también compartirlo con los(as) amiguitos(as) y maestros(as).

Concluido el tiempo anterior, todos los maestros y maestras deberán de reunir a todos los niños haciendo un círculo para orar y entonar algunas canciones a Dios dando inicio de esta manera a la clase del día.

Conversamos. Mostrar láminas de personas que estén usando los pies, tales como futbolistas, ciclistas, basquetbolistas, etc. Luego, preguntar qué parte de su cuerpo están usando las personas de estas láminas.

Indicarles lo siguiente: "Niños y niñas, mostremos nuestros pies (tratar de que todos lo hagan). ¿Cómo se llaman? Pies (animar a que todos repitan la respuesta dada). Muy bien, se llaman pies. Ahora recordemos qué podemos hacer con los pies (animar a que todos participen ordenadamente; y continuar). Bien, podemos correr, caminar, jugar, patear la pelota, saltar, dar pasos grandes y chiquitos, y muchas cosas más".

Jugamos. Seguidamente, caminar –animando a los niños y niñas a que le sigan– sobre una línea recta trazada en el piso; y luego, mostrarles el recorrido hecho. Después, desplazarse saltando con un pie y alternando con el otro pie. Cantar la canción "Pie Pie Pie" de Bichikids (buscar en Youtube); y animar a que los niños realicen las mímicas mientras cantan todos juntos.

Aprendemos. Realizar preguntas tales como estas: "¿Quién hizo los pies? ¡Dios! Sí, es verdad que Dios hizo los pies". Entonces, indicarles a los niños que van a decir todos juntos lo siguiente: "Gracias, Dios, por mis pies".

Actividad. Explicar a los niños y niñas que deben de repasar las siluetas de los pies. Luego, dígales que peguen bolitas de papel anaranjado dentro del dibujo.

Despedida. Orar agradeciendo por el tiempo de estar juntos y aprender de Dios.

Instrucciones

Repasa la línea de los pies. Luego, pega bolitas de papel anaranjado en los pies.

TE DOY GRACIAS, DIOS, POR MIS OJOS

Base bíblica:

Mateo 6:22-23

Objetivo:

Entender que Dios hizo nuestros ojos y, por lo cual, podemos decir: "Gracias, Dios, por mis ojos".

Preparación de la clase:

Las maestras y/o maestros deben reunirse previamente para orar a Dios por el tiempo de preparación de la clase. Luego, deberán leer y reflexionar cuidadosamente en Mateo 6:22-23.

Introducción

Meditar en el contenido de Mateo 6:22-23, y observar cuidadosamente las siguientes verdades:

¿Qué quiere decir la Palabra de Dios en dicha cita bíblica?

¿Por qué se describe al ojo como la lámpara del cuerpo?

Posteriormente a lo anterior, reflexionar en lo siguiente:

Los ojos son los órganos que Dios nos ha concedido para poder ver. Con ellos, miramos y disfrutamos de toda la creación.

Si los ojos no tienen dificultad, vemos claramente los objetos.

Si nos tapamos uno de nuestros ojos, ¿cómo vemos?

A lo anterior, podemos responder que se vería de una manera diferente y no se comprendería la verdadera naturaleza de las cosas. Entonces…

¿Para qué necesitamos ver?

¿Es fácil ver en la oscuridad?

Si tenemos visión física, podemos ver hacia dónde vamos.

Si tenemos visión espiritual, tendremos una vida con dirección y propósito.

Reflexión

Pensemos en esto: ¿cómo están nuestros ojos físicos y espirituales?

Si los ojos físicos están en buenas condiciones, tendremos bienestar general.

Si los ojos espirituales están funcionando correctamente, es porque en nosotros está la luz del Señor.

Jesús dijo que cuando hay luz de parte de Dios, tendremos nuestros ojos y nuestro corazón bien ubicados.

Oremos para que Dios nos ayude a tener una buena percepción de la realidad de nuestros niños y de sus familias, y así ayudarlos a ser mejores cada día.

Para concluir, preparar el material para la clase.

TEMA: TE DOY GRACIAS, DIOS, POR MIS OJOS

CITA BÍBLICA: Mateo 6:22-23

DESARROLLO DE LA CLASE:

Recibir y ubicar a los niños y niñas teniendo en cuenta la edad de cada uno de ellos. Así pues, los bebés deberán ser puestos en coches, corrales, alfombras y petates –según las condiciones del aula–. Luego, darles la bienvenida a todos los niños y niñas, e indicarles los sectores o áreas de juego y trabajo (esto sólo para infantes a partir de los 18 meses). De esta manera, ellos podrán manipular el material dispuesto previamente en un ambiente y altura adecuados para su edad, así como también compartirlo con los(as) amiguitos(as) y maestros(as).

Concluido el tiempo anterior, todos los maestros y maestras deberán de reunir a todos los niños haciendo un círculo para orar y entonar algunas canciones a Dios dando inicio de esta manera a la clase del día.

Conversamos. Mostrar a los niños una silueta grande de una cara a la que le faltan los ojos.

Luego, mencionarles lo siguiente: "Niños y niñas, miren… Yo tengo dos ojos (la maestra debe señalar sus propios ojos). Ahora, ustedes muéstrenme sus ojos y díganme cuántos ojos tienen. Ahora, observen las cosas que están a su alrededor y respondan qué es esto que estoy señalando (señalar algún objeto del salón); cómo se llama (darles un tiempo para que piensen en sus respuestas, y la oportunidad de que todos participen)".

Jugamos. Indicarles a los niños que deben cerrar los ojos. En ese momento, preguntarles si pueden ver… Hacerles notar ¡qué difícil es vivir sin ojos! Preguntarles también: "¿Podremos caminar? ¿Podremos agarrar las cosas? No es posible". Después, mostrarles láminas con rostros de personas y animarles para que cada niño señale los ojos. A continuación, entonar la canción "Tengo dos ojitos" de Generación Kids (buscar en Youtube).

Aprendemos. En esta sección, realizar preguntas tales como las siguientes: "¿Quién hizo los ojos? Dios, sí es verdad que Dios hizo los ojos". Entonces, animar a los niños para que digan todos juntos: "Gracias, Dios, por mis ojos".

Actividad. Pedir a los niños y niñas que coloreen la carita. Luego, dependiendo de su edad, pueden pegar ojos movibles, o usar la carita como máscara.

Despedida. Orar por el tiempo de estar juntos y aprender de Dios dando gracias por nuestros ojos y por todo lo que nos permite ver.

Instrucciones

Colorea la carita. Luego, pega ojos movibles
o úsala como máscara.

Base bíblica:

Génesis 2:7

Preparación de la clase:

Las maestras y/o maestros deben reunirse previamente para orar a Dios por el tiempo de preparación de la clase. Luego, deberán leer y reflexionar cuidadosamente en Génesis 2:7.

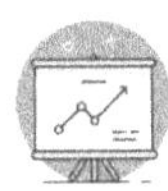

Objetivo:

Conocer que Dios hizo nuestra nariz y debemos darle gracias por ello.

Introducción

Meditar en el contenido de Génesis 2:7, y observar con detalle las siguientes verdades:

¿Cómo formó Dios al hombre?

¿Cómo se convirtió el hombre en un ser viviente?

El hombre tiene dos componentes: el físico y el espiritual.

La parte física está compuesta por elementos químicos tomados del polvo de la tierra.

La parte espiritual es lo que Dios sopló en la nariz del hombre: "Aliento de vida". Por tanto, eso viene a ser la vida y la personalidad que hace la diferencia entre el hombre y un animal, así como de otros seres vivos como las plantas, etc.

El hombre fue tomado de la tierra, y fue hecho por mano de Dios a imagen y semejanza de Él.

Reflexión

Somos creación de Dios, y tenemos las facultades en nuestra vida para ser felices.

¿Qué podemos hacer con la nariz? Podemos oler perfumes, alimentos, sustancias, etc.

¿Qué sería de nosotros si no pudiéramos oler? Gracias a Dios, porque nos ha dado el sentido del olfato. Siempre seremos agradecidos por esta obra maravillosa.

Orar a Dios pidiéndole que nos ayude a percibir lo bueno de cada persona y así animarla a valorarse.

Orar por los padres para que sean sensibles a la bondad de sus niños.

Para concluir, preparar el material para la clase.

TEMA: TE DOY GRACIAS, DIOS, POR MI NARIZ

CITA BÍBLICA: Génesis 2:7

DESARROLLO DE LA CLASE:

Recibir y ubicar a los niños y niñas teniendo en cuenta la edad de cada uno de ellos. Así pues, los bebés deberán ser puestos en coches, corrales, alfombras y petates –según las condiciones del aula–. Luego, darles la bienvenida a todos los niños y niñas, e indicarles los sectores o áreas de juego y trabajo (esto sólo para infantes a partir de los 18 meses). De esta manera, ellos podrán manipular el material dispuesto previamente en un ambiente y altura adecuados para su edad, así como también compartirlo con los(as) amiguitos(as) y maestros(as).

Concluido el tiempo anterior, todos los maestros y maestras deberán de reunir a todos los niños haciendo un círculo para orar y entonar algunas canciones a Dios dando inicio de esta manera a la clase del día.

Conversamos. Llevar objetos que tengan olores diferentes (suaves y fuertes) como colonias, hierba buena, flores, ajo, limones, etc. al aula.

Permitir a los niños percibir los olores. Luego, preguntarles:

¿Qué hueles? ¿Qué parte de nuestro cuerpo usamos para oler? En ese momento, pedirle que cada uno se señale su nariz. Luego, cantar "Te quiero" de Biper (buscar en Youtube).

A continuación, mencionar la función de la nariz, la cual es percibir olores agradables y desagradables.

En ese momento, mostrar láminas de animales y niños, y en todas pedirles a los infantes que señalen la nariz.

Jugamos. Indicar a los infantes que van a cerrar los ojos y olerán algo delicioso (una fruta). Luego, preguntarles qué es (animar a que todos participen). Después, pedirles que inhalen y exhalen aire. Seguidamente, acercar a cada niño a un espejo indicarle que mire su nariz y hacerle notar que cada nariz es diferente.

Aprendemos. Conversar lo siguiente: "¿Quién hizo mi nariz? ¡Dios! Sí, es verdad que Dios hizo la nariz". Entonces, animarles a decir todos juntos: "Gracias, Dios, por mi nariz".

Actividad. En la hoja de aplicación, explicar y ayudar a que cada niño pase el crayón en el borde de la nariz.

Despedida. Orar agradeciendo por el tiempo de estar juntos y aprender de Dios.

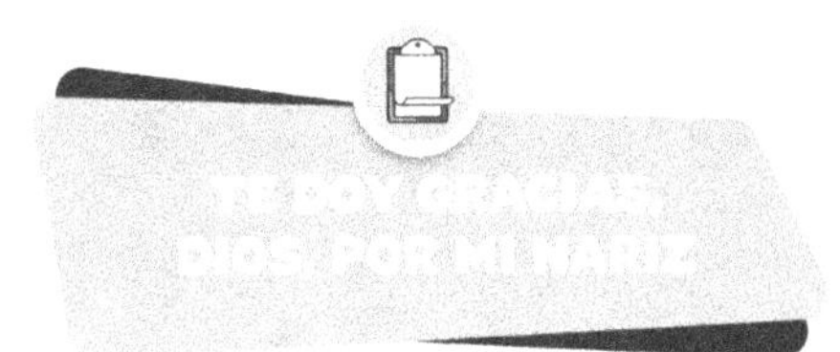

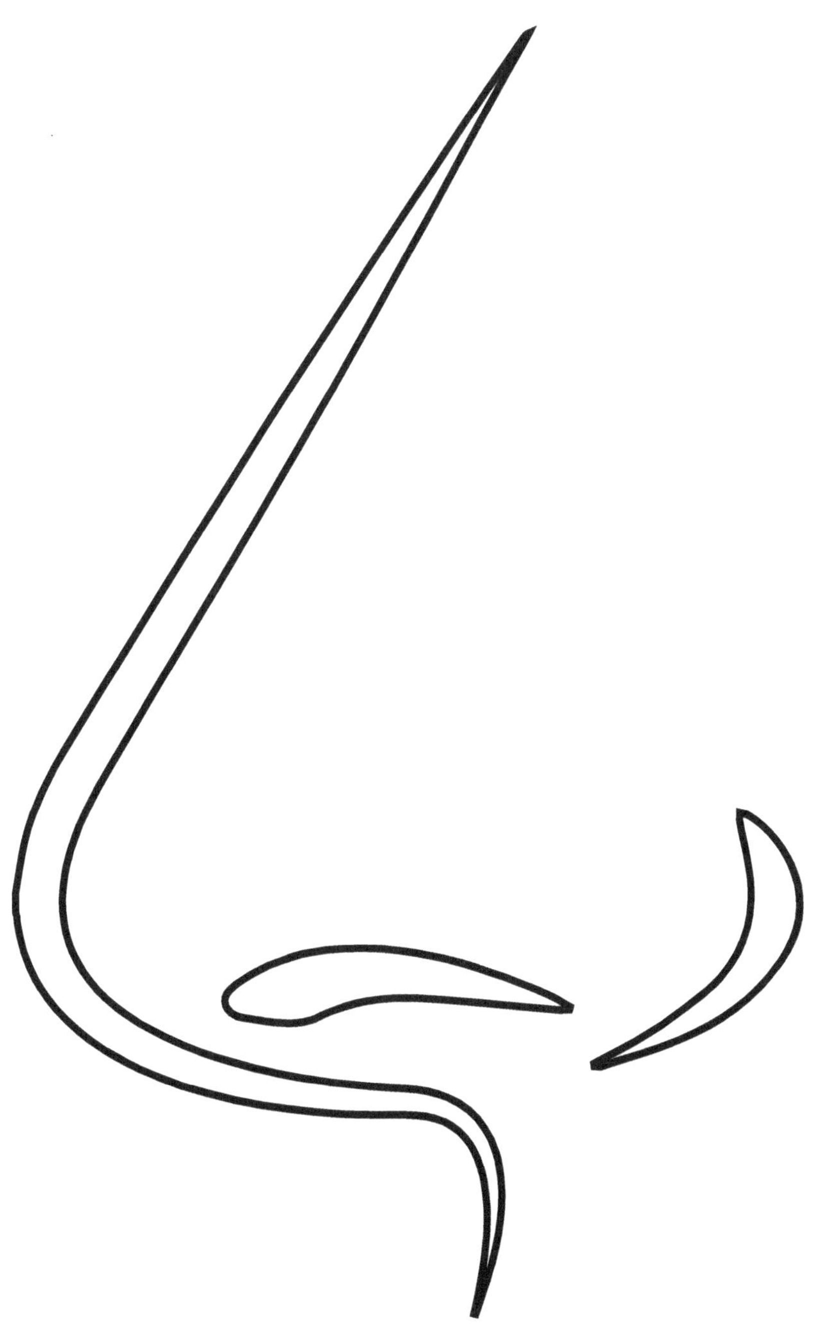

Instrucciones

Repasa la silueta de la nariz usando un crayón de color anaranjado. Después, busca imágenes de perfumes, frutas o flores; recórtalas y pégalas alrededor de la nariz.

TE DOY GRACIAS, DIOS, POR MI BOCA

Base bíblica:

Salmo 8:2

Objetivo:

Conocer que Dios hizo nuestra boca y agradecerle por esta hermosa obra.

Preparación de la clase:

Las maestras y/o maestros deben reunirse previamente para orar a Dios por el tiempo de preparación de la clase. Luego, deberán leer y reflexionar cuidadosamente en el Salmo 8:2.

Introducción

Meditar en el contenido de Salmo 8:2, y observar cuidadosamente lo siguiente:

Algunas personas creen que de la boca de los niños y de los que maman sólo salen sonidos sin razón. Esto no es así. Los niños tienen un espíritu fresco y accesible a la voz de Dios.

Recordemos que, en los tiempos de Jesús, no se apreciaban a los niños y se creía que al ocuparse de ellos, se perdía el tiempo.

Sin embargo, vemos en contraste de lo anterior, las actitudes de Jesús hacia los niños. De hecho que Él los llamó y los puso en un buen lugar: en sus brazos.

Sólo con la ayuda de Dios y obedeciendo sus enseñanzas, podemos usar nuestra boca y nuestra lengua para reflejar la presencia de Dios en nuestras vidas.

Reflexión

Dios nos dio labios hermosos para que con ellos le alabemos y glorifiquemos su nombre. Jesús nos llamó para su servicio, nos ha dado un buen lugar, y su trato es tierno y amoroso con todos. Debemos aprender de la sensibilidad que tienen los niños y las niñas para que Dios nos revele cosas grandes.

Nuestra vida y nuestra forma de hablar deben ser agradables a Dios.

Debemos ser de buen testimonio a la familia, maestros y estudiantes.

También debemos corregir a los padres y madres de nuestras niñas y niños cuando usan palabras negativas.

Oremos pidiendo a Dios que nos ayude a escoger las palabras adecuadas cuando hablamos de Él, y que a través de nuestra boca los pequeños alumnos sientan su presencia.

Al final, preparar el material para la clase. Aquí sería recomendable confeccionar un títere de un rostro el cual muestre diferentes estados de ánimo (cara triste, cara alegre, etc.).

TE DOY GRACIAS, DIOS, POR MI BOCA

Salmo 8:2

DESARROLLO DE LA CLASE:

Recibir y ubicar a los niños y niñas teniendo en cuenta la edad de cada uno de ellos. Así pues, los bebés deberán ser puestos en coches, corrales, alfombras y petates –según las condiciones del aula–. Luego, darles la bienvenida a todos los niños y niñas, e indicarles los sectores o áreas de juego y trabajo (esto sólo para infantes a partir de los 18 meses). De esta manera, ellos podrán manipular el material dispuesto previamente en un ambiente y altura adecuados para su edad, así como también compartirlo con los(as) amiguitos(as) y maestros(as).

Concluido el tiempo anterior, todos los maestros y maestras deberán de reunir a todos los niños haciendo un círculo para orar y entonar algunas canciones a Dios dando inicio de esta manera a la clase del día.

Conversamos. Llevar al aula lo siguiente: azúcar, sal, café y limón.

Pedir a los niños que cierren sus ojos, e indicarles que van a probar algunos de los alimentos mencionados (se sugiere dar pequeñas cantidades, pues algunos niños son muy sensibles). Luego, observar sus gestos, y preguntarles: "¿Qué fue lo que probaste? ¿Cómo lo sabes? ¿Qué parte del cuerpo te ayudó a descubrir lo que es?"

Después de lo anterior, preguntarles qué podemos hacer con la boca. Indicarles a todos los niños que señalen su boca, y reforzar sus respuestas mencionando que con la boca comemos, cantamos, hablamos, soplamos, gritamos, etc.

A continuamos, mostrarles a todos los pequeños láminas de animales y niños, y pedirles que cada uno de ellos señale la boca de alguna de las imágenes.

Jugamos. Con entusiasmo, preguntar lo siguiente: "¿Quién puede abrir su boca bien grande?, ¿quién puede gritar muy fuerte?, etc. ¡Bien!". Enseguida, mostrar una lámina de una cara triste y preguntar: "¿Cómo está este niño? (hacer notar que está triste). ¿Cómo saben que está triste?... Cierto, por su boca".

Aprendemos. En esta sección, se sugiere hacer preguntas tales como estas: "¿Quién hizo mi boca? ¡Dios! Sí, es verdad que Dios hizo la boca". Entonces, animar a que digan juntos: "Gracias, Dios, por mi boca".

Actividad. Entregar papel rojo a cada niño y niña. Luego, ayudarles a que rasguen el papel, y lo peguen sobre el dibujo de la boca. Se sugiere, como complemento en esta actividad, que la maestra recorte el dibujo de la boca, y le pegue en la parte posterior un palo bajalengua (grueso) y le entregue su trabajo a cada niño.

Despedida. Orar agradeciendo por el tiempo de estar juntos y aprender de Dios.

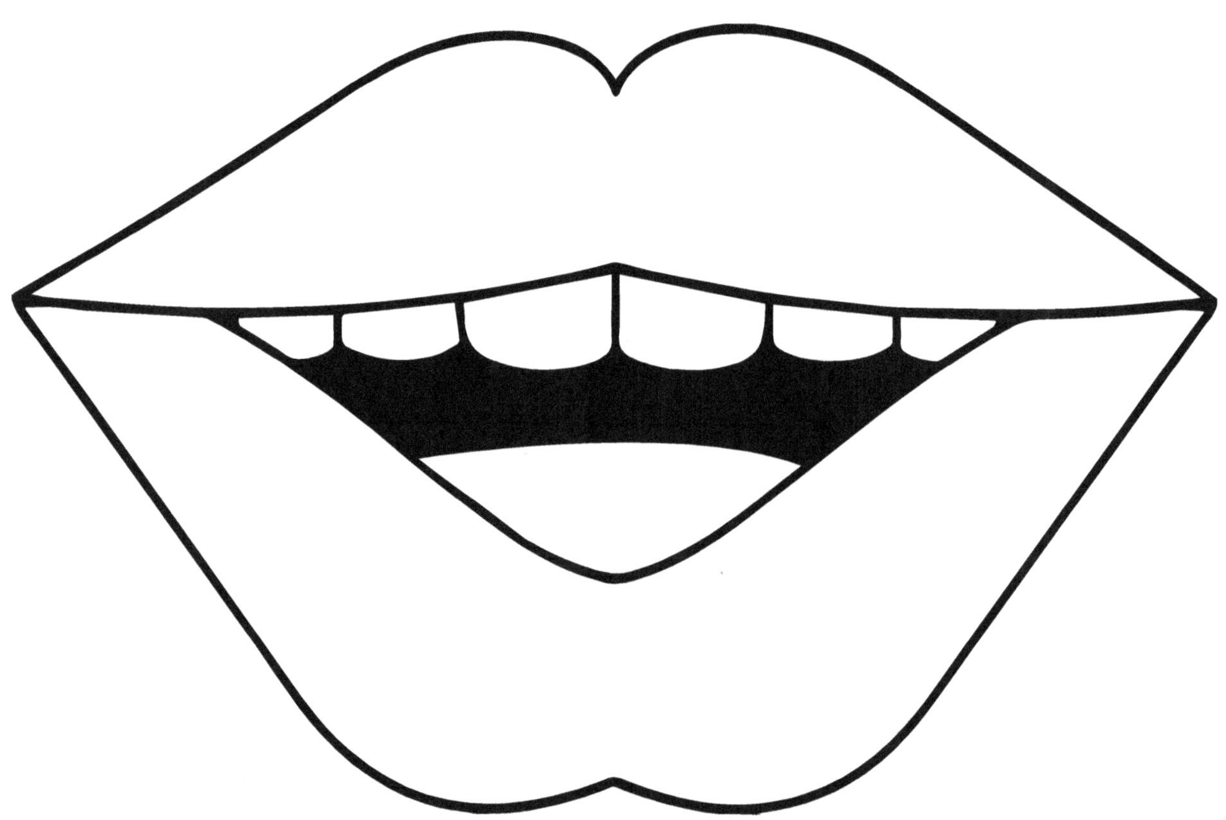

Instrucciones

Rasga papel rojo, y pégalo sobre la boca.

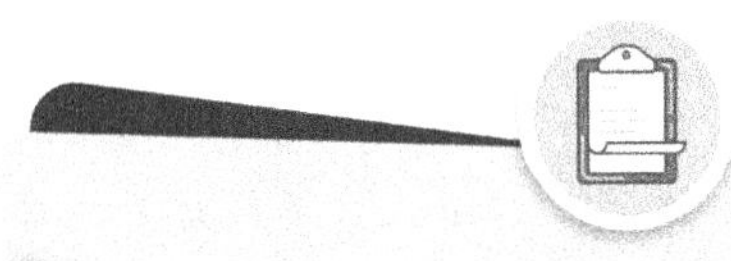

Base bíblica:

1 Samuel 3:1-21

Objetivo:

 Entender que Dios hizo nuestras orejas y agradecerle por ello.

Preparación de la clase:

Las maestras y/o maestros deben reunirse previamente para orar a Dios por el tiempo de preparación de la clase. Luego, deberán leer y reflexionar cuidadosamente en 1 Samuel 3:1-21.

Introducción

Pensar en el contenido de 1 Samuel 3:1-21, y observar lo siguiente:

El oído es un órgano muy importante en el ser humano. Nos sirve para poder recibir lo que nos comunican y de esta manera relacionarnos con otras personas. Los oídos están protegidos exteriormente por las orejas. Por lo tanto, debemos cuidar las orejas mediante el aseo e higiene personal. Asimismo, podemos cuidar nuestros oídos cuando permitimos que sólo ingresen hacia la mente cosas que ayuden a nuestra vida cristiana.

La lectura bíblica nos enseña que a pesar de que no era común en esos tiempos oír la Palabra de Dios; sin embargo, el Señor llamó a Samuel cuando dormía en el templo de Jehová.

En el llamado de Dios a Samuel, él respondió: "Heme aquí".

Dios llamó cuatro veces a Samuel, y el sacerdote Elí se dio cuenta que Dios estaba llamando a Samuel.

Dios prometió a Samuel cosas grandes de acuerdo a su obediencia. Por esta razón, el Señor le dijo que castigaría la desobediencia de los hijos de Elí y a la casa de este.

Jehová estuvo siempre con Samuel, porque fue un buen profeta.

Reflexión

Procuremos tener una buena relación personal con Dios y que nuestra fe no se enfríe. Debemos recordar que Dios nos habla en todo tiempo. Aprendamos, pues a escuchar rápidamente su voz y el mensaje que nos quiere dar.

¡Dios es el mismo de ayer, de hoy y de siempre!

Orar agradeciendo a Dios por este precioso tiempo y pedirle que nos ayude a escuchar su voz y hacer su voluntad. Oremos también por nuestros niños y niñas de la clase.

Para finalizar, preparar el material para la clase: sonajas hechas de botellas plásticas o de latas con palitos. Colocar, dentro de cada recipiente, semillas, piedritas, arroz, granos de maíz, etc.

TEMA: TE DOY GRACIAS, DIOS, POR MIS OREJAS

CITA BÍBLICA: 1 Samuel 3:1-21

DESARROLLO DE LA CLASE:

Recibir y ubicar a los niños y niñas teniendo en cuenta la edad de cada uno de ellos. Así pues, los bebés deberán ser puestos en coches, corrales, alfombras y petates –según las condiciones del aula–. Luego, darles la bienvenida a todos los niños y niñas, e indicarles los sectores o áreas de juego y trabajo (esto sólo para infantes a partir de los 18 meses). De esta manera, ellos podrán manipular el material dispuesto previamente en un ambiente y altura adecuados para su edad, así como también compartirlo con los(as) amiguitos(as) y maestros(as).

Concluido el tiempo anterior, todos los maestros y maestras deberán de reunir a todos los niños haciendo un círculo para orar y entonar algunas canciones a Dios dando inicio de esta manera a la clase del día.

Conversamos. Llevar diferentes objetos que produzcan sonidos y esconderlos de la vista de los niños. Esos objetos pueden ser los siguientes: celular, pandereta, cajita musical, etc.; y hacerlos sonar, pero sin que los niños los vean. Entonces, preguntarles a qué objeto pertenece cada sonido (y hacerles escuchar el sonido del instrumento)... Repetir así con cada instrumento u objeto.

Al final de lo anterior, preguntarles qué sonido les gustó más... Darles un tiempo para que piensen y puedan dar sus respuestas.

También preguntarles: "¿Dónde están tus orejas? ¿Por qué necesitamos nuestras orejas? (animar a que todos los niños participen)". Después, pedirles que con mucho cuidado señalen las orejas de sus amiguitos. Y hacerles reflexionar que con los oídos escuchamos los sonidos, la música, la voz de mamá, de papá, etc.

Al final, mostrar unas láminas de animales, niños; y pedirles que cada uno de ellos señale las orejas.

Jugamos. Explicarles a todos los pequeños que se va a cantar con voz bien fuerte y tocando la mesa. Luego, decirles que se va a cantar con voz un poco baja; después, indicarles que se va a cantar con voz más baja; y por último, se cantará con voz mucho más baja. Entonces, preguntarles: "¿Se escuchó claramente lo que cantamos al final cuando bajamos nuestro volumen de voz?... No, ¿cierto? Esto fue, porque sólo movíamos la boca. ¿Qué pasó entonces? Ya no escuchamos nada". En este punto, motivarlos a reflexionar con esta interrogante: "¿con qué escuchamos? Necesitamos las orejas".

Aprendemos. Preguntar a los infantes: "¿Quién hizo las orejas? ¡Dios! Sí, es verdad. Dios hizo las orejas". Entonces, vamos a decir todos juntos: "Gracias, Dios, por mis orejas".

Actividad. Explicar a los infantes que peguen plastilina sobre el dibujo de las orejas.

Despedida. Orar dando a Dios gracias por el tiempo de estar juntos y aprender de Él.

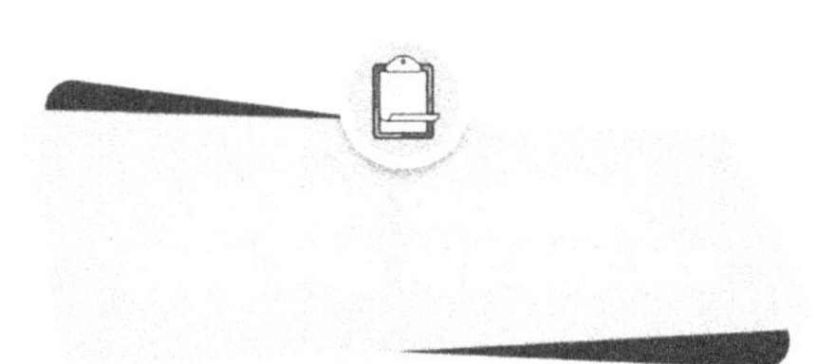

Instrucciones

Pega plastilina de color piel o anaranjado
sobre el dibujo de las orejas.

LECCIÓN 33

CON MIS MANOS, PUEDO TOCAR

Base bíblica:

Marcos 1:40-41

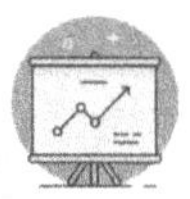

Objetivo:

Entender que Jesús sanó con sus manos a un hombre enfermo.

Preparación de la clase:

Las maestras y/o maestros deben reunirse previamente para orar a Dios por el tiempo de preparación de la clase. Luego, deberán leer y reflexionar cuidadosamente en Marcos 1:40-41.

Introducción

Cavilar en el contenido de la lectura indicada, y observar cuidadosamente lo siguiente:

El leproso le rogó a Jesús de rodillas que lo sanara.

Jesús le dijo: "Sé limpio", tocándole con sus manos.

Él tuvo misericordia de este hombre enfermo.

Jesús mandó al hombre que se presente ante el sacerdote; pues era necesario mostrarse ante el sacerdote para dar testimonio.

Reflexión

¿Cómo nos sentimos cuando tenemos una enfermedad? ¿Cómo debemos tratar a los enfermos? ¿A qué personas debemos tocar en el nombre de Jesús?

En el mundo, hay muchas personas enfermas. Sus enfermedades, muchas veces, son de naturaleza física y espiritual.

¿Qué debemos hacer por los necesitados?

¿Cuántos padres de nuestras niñas y niños estarán enfermos?

Debemos hablarles de Cristo y dar buen testimonio con nuestra propia vida.

Orar al señor por las personas enfermas y por los que no conocen a Cristo para que obtengan la salvación en Él. También orar por los niños y las niñas para que sean el enlace entre sus padres y la iglesia. Esto a fin de que ellos puedan recibir el toque espiritual de Jesús.

Al final, preparar el material para la clase.

DATOS INFORMATIVOS:

CON MIS MANOS, PUEDO TOCAR

Marcos 1:40-41

DESARROLLO DE LA CLASE:

Recibir y ubicar a los niños y niñas teniendo en cuenta la edad de cada uno de ellos. Así pues, los bebés deberán ser puestos en coches, corrales, alfombras y petates –según las condiciones del aula–. Luego, darles la bienvenida a todos los niños y niñas, e indicarles los sectores o áreas de juego y trabajo (esto sólo para infantes a partir de los 18 meses). De esta manera, ellos podrán manipular el material dispuesto previamente en un ambiente y altura adecuados para su edad, así como también compartirlo con los(as) amiguitos(as) y maestros(as).

Concluido el tiempo anterior, todos los maestros y maestras deberán de reunir a todos los niños haciendo un círculo para orar y entonar algunas canciones a Dios dando inicio de esta manera a la clase del día.

Conversamos. Llevar, en una caja sorpresa o bolsa negra, diferentes objetos que los niños puedan palpar introduciendo sus manos. Pedirles que lo intenten y traten de decir qué es. Le sugerimos que siempre dé las indicaciones y/o reglas de la dinámica, de manera clara y específica; a fin de que esta se desarrolle de manera amena, justa y ordenada. Ver en Internet modelos de "la caja de las sorpresas".

Narramos la siguiente historia bíblica: Un día, Jesús se encontró con un hombre enfermo. El hombre estaba muy triste; porque le dolía todo su cuerpo, toda su piel. Nadie lo quería por esa razón; nadie se acercaba a él; pues tenía una enfermedad muy mala. Pero un día, ese hombre se acercó a Jesús, se arrodilló delante de Él y le dijo: "¿Puedes sanarme?" Entonces, Jesús le dijo: "Sí, quiero sanarte"; y en ese mismo momento, este hombre quedó sano. ¡Qué maravilla! Los médicos no pudieron sanarlo, sólo Cristo pudo sanarlo con su infinito amor y poder. Después, ese hombre ya no estaba triste. Ahora, estaba alegre (observar si los niños se sienten contentos y reflejan alegría en sus rostros, o si se sienten tristes). Ore silenciosamente, y déjese guiar por al Espíritu Santo. Quizá sea un tiempo que Dios le esté indicando para interceder por la salud de alguno de los infantes, o por la salud de alguno de sus familiares. Orar con los niños es una especial bendición.

Jugamos. Decirles a todos los niños y niñas que se coloquen a un lado del aula, pongan su cara triste y digan: "¡Pobre hombre, nadie lo quería!" Luego, que digan sonriendo: "¡Jesús lo sanó!". Después, pedirles a todos que se tomen de las manos. En esta parte, se puede dramatizar un *sketch* creativo al que le hemos titulado "El doctor, la enfermera y los enfermos".

Aprendemos. Preguntarles a los niños quién hizo los milagros…

Jesús, sí porque Él es Dios y tiene todo el poder. Entonces, animarles a decir todos juntos: "¡Gracias, Dios!"

Actividad. Explicar a los pequeños que deben encerrar en un círculo los objetos que se pueden tocar. Luego, pedirles que coloreen los dibujos.

Despedida. Orar dando gracias a Dios por el tiempo de estar juntos y aprender más de Él.

CON MIS MANOS, PUEDO TOCAR

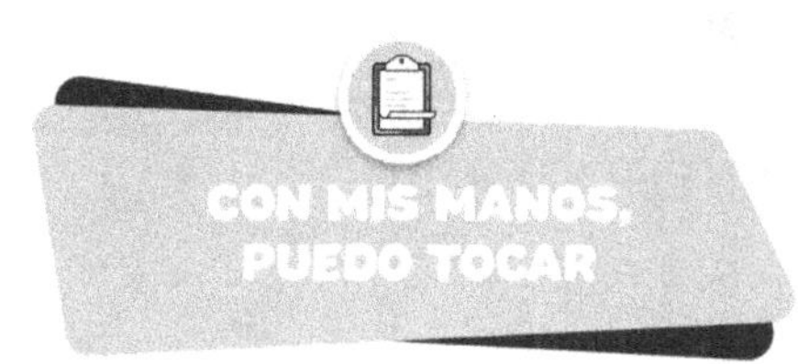

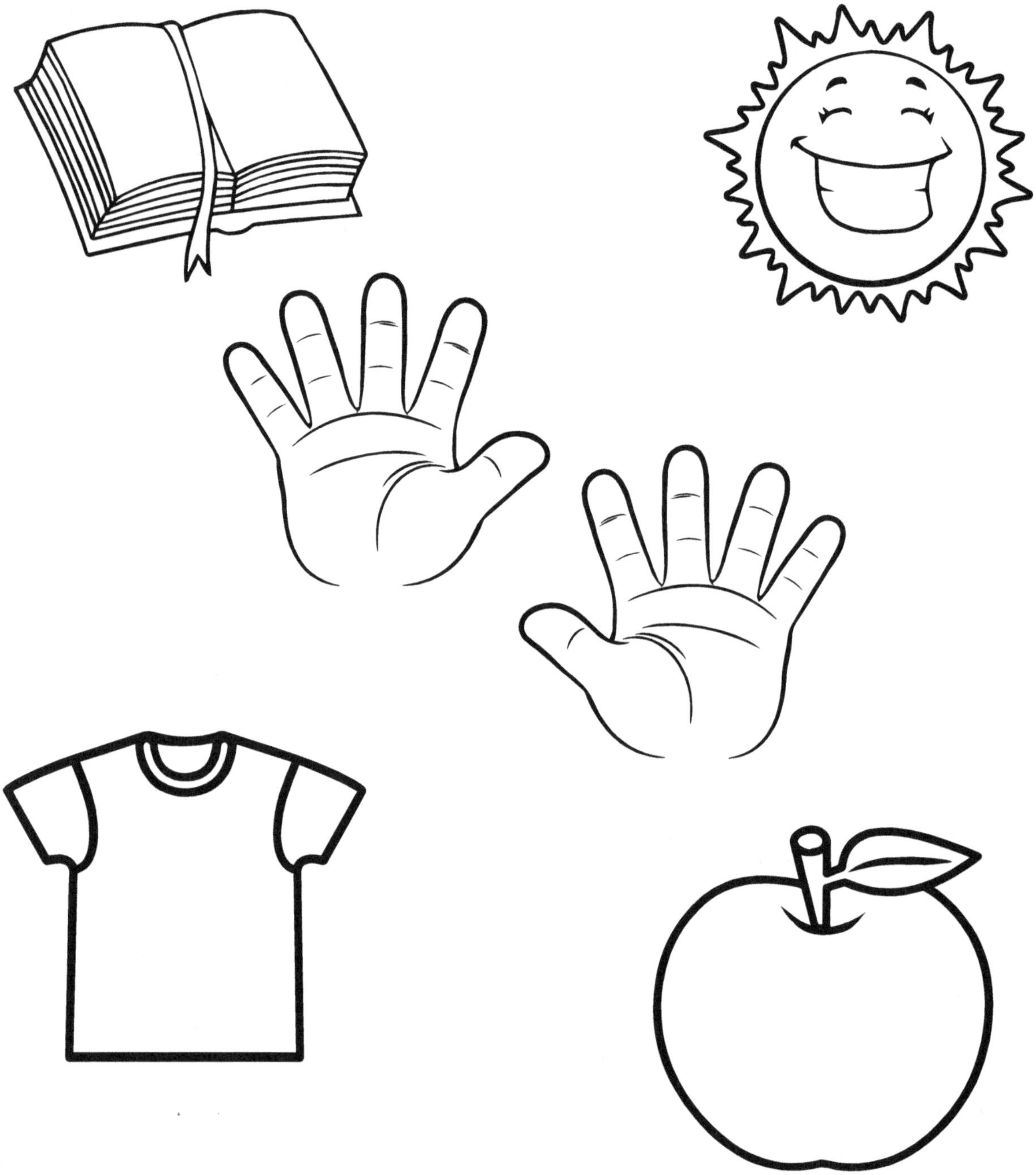

Instrucciones

Encierra en un círculo los objetos que se pueden tocar.
Después, colorea los dibujos.

Base bíblica:

Marcos 2:1-12

Objetivo:

Entender que Jesús sanó con su poder a un hombre que no podía caminar.

Preparación de la clase:

Las maestras y/o maestros deben reunirse previamente para orar a Dios por el tiempo de preparación de la clase. Luego, deberán leer y reflexionar cuidadosamente en Marcos 2:1-12.

Introducción

Pensar en el contenido de la lectura indicada, y observar cuidadosamente lo siguiente:

Mucha gente le seguía a Jesús para escuchar la Palabra de Dios.

Un paralítico fue traído por sus amigos; pero no lo presentaron a Jesús por causa de la multitud. Por ello, los amigos de ese hombre bajaron al paralítico por una abertura que hicieron en el techo.

Jesús vio la fe de estos hombres y sanó al paralítico. Este hombre recibió de Dios la sanidad y se levantó. Entonces, el paralítico salió y caminó llevando su cama en presencia de toda la gente que se había reunido. Sin embargo, habían hombres escribas que murmuraban acerca de lo que Jesús hacía.

Al ver este milagro, la multitud se asombró y dio gloria a Dios. La gente decía: "Nunca hemos visto tal cosa".

Reflexión

El pecado limita a las personas, al igual que no podemos avanzar debido a las dificultades de la vida.

Jesús nos perdona física y espiritualmente.

Jesús nos mostró su poder sanador ayer; pero también nos lo muestra hoy; y nos lo seguirá mostrando siempre.

Todos podemos ayudar a los necesitados en el nombre de Jesús.

Orar a Dios por la preparación de la clase y por los hogares de los niños y de las niñas.

Al final, preparar el material para la clase.

TEMA: CON MIS PIES, PUEDO CAMINAR
CITA BÍBLICA: Marcos 2:1-12

DESARROLLO DE LA CLASE:

Recibir y ubicar a los niños y niñas teniendo en cuenta la edad de cada uno de ellos. Así pues, los bebés deberán ser puestos en coches, corrales, alfombras y petates –según las condiciones del aula–. Luego, darles la bienvenida a todos los niños y niñas, e indicarles los sectores o áreas de juego y trabajo (esto sólo para infantes a partir de los 18 meses). De esta manera, ellos podrán manipular el material dispuesto previamente en un ambiente y altura adecuados para su edad, así como también compartirlo con los(as) amiguitos(as) y maestros(as).

Concluido el tiempo anterior, todos los maestros y maestras deberán de reunir a todos los niños haciendo un círculo para orar y entonar algunas canciones a Dios dando inicio de esta manera a la clase del día.

Conversamos. Iniciar entonando la canción "Adentro, afuera, arriba, abajo" de Benito (buscar en Youtube); y luego, contar la historia bíblica.

Había una vez un hombre que no podía caminar. No podía mover sus piernas ni sus pies. Este hombre tenía cuatro amigos y ellos querían verle caminar. Un día, escucharon que Jesús podía sanar a la gente enferma. Entonces, llevaron a su amigo donde estaba Jesús; pero como había tanta gente, tuvieron que subir por el techo. Hicieron un gran hueco y colocaron a su amigo delante de Jesús. Cuando Él los vio, les dijo: "Yo voy a sanar a su amigo". Entonces, le dijo al enfermo: "¡Levántate, toma tu cama y camina!".

Detenerse en este punto, y conversar con los niños sobre lo siguiente: "¿Quién lo hizo?... Sí, fue Jesús con su poder. ¡Qué contento estaba el hombre! Ahora, ya podía caminar y correr...".

Jugamos. Preparar un arco y una pelota para que los pequeños jueguen un minipartido de fulbito. Se sugiere que los niños lo hagan de manera libre; pero siempre –claro está– bajo supervisión de los(as) maestros(as). En un momento determinado, decirles: ¡Alto!, y luego, pedirles que jueguen sin mover las piernas ni los pies. Después, motivarlos a la reflexión al decirle lo siguiente: "¿Pueden jugar sin mover las piernas?... Claro que no. Es difícil jugar fútbol sin mover las piernas. ¿Podrán correr sin mover las piernas? No, es muy difícil".

Aprendemos. Preguntarles a los niños y niñas lo siguiente: "¿Quién hizo los milagros?... Jesús, sí; porque Él es Dios y tiene todo el poder". Después, animarles a decir al unísono: "¡Gracias, Dios!"

Actividad. Indicar a los infantes que pinten las zapatillas con un hisopo.

Despedida. Orar agradeciendo a Dios por el tiempo de estar juntos y aprender más de Él.

Instrucciones

Pinta las zapatillas utilizando un hisopo.

CON MIS OJOS, PUEDO VER

Base bíblica:

Lucas 18:35-43

Objetivo:

Entender que Jesús sanó con su gran poder a un hombre ciego.

Preparación de la clase:

Las maestras y/o maestros deben reunirse previamente para orar a Dios por el tiempo de preparación de la clase. Luego, deberán leer y reflexionar cuidadosamente en Lucas 18:35-43.

Introducción

Cavilar en el contenido de la lectura indicada, y observar cuidadosamente lo siguiente:

- El milagro sucedió en Jericó.
- El ciego estaba sentado junto al camino.
- Preguntaba qué sucede.
- La gente le decía al ciego que se trataba de Jesús.
- El ciego clamaba a Jesús para que lo atienda y la gente le reprendía.
- El ciego gritaba más: "¡Jesús, ten misericordia de mí!".
- Jesús lo escuchó, mandó traerle a su presencia, y le preguntó: "¿Qué quieres que te haga?"
- El ciego respondió: "Que reciba la vista".
- Jesús lo sanó por la fe del ciego y este, inmediatamente, le siguió.

Reflexión

El hombre ciego tuvo el deseo de encontrar a Jesús.

Cuando nuestro deseo fue encontrar a Jesús, no nos importaron los obstáculos y las críticas.

Debemos ser perseverantes en el clamor a Dios y la fe en que Dios nos escucha y nos concede lo que le pedimos.

Debemos ser agradecidos con Dios y darle la gloria por siempre.

Jesús es el mismo ayer, hoy y por los siglos; y puede hacer grandes cosas en cada una de las maestras y maestros, en los niños y las niñas.

Oremos a Jesús agradeciendo por su Palabra y por todo lo que hace en cada vida.

Al final, preparar el material para la clase.

TEMA: CON MIS OJOS, PUEDO VER

CITA BÍBLICA: Lucas 18:35-43

DESARROLLO DE LA CLASE:

Recibir y ubicar a los niños y niñas teniendo en cuenta la edad de cada uno de ellos. Así pues, los bebés deberán ser puestos en coches, corrales, alfombras y petates –según las condiciones del aula–. Luego, darles la bienvenida a todos los niños y niñas, e indicarles los sectores o áreas de juego y trabajo (esto sólo para infantes a partir de los 18 meses). De esta manera, ellos podrán manipular el material dispuesto previamente en un ambiente y altura adecuados para su edad, así como también compartirlo con los(as) amiguitos(as) y maestros(as).

Concluido el tiempo anterior, todos los maestros y maestras deberán de reunir a todos los niños haciendo un círculo para orar y entonar algunas canciones a Dios dando inicio de esta manera a la clase del día.

Conversamos. Iniciar esta sección entonando la canción: "Cuidadito" de Biper y sus amigos (buscar en Youtube). Luego, narrar la historia bíblica.

Había una vez un hombre llamado Bartimeo que no podía ver, y por eso tampoco podía trabajar. Por su estado, todos los días estaba sentado en el suelo diciendo: "Por favor, ayúdame y dame dinero". La gente le daba monedas, y un día Jesús pasaba por allí y Bartimeo al escuchar el bullicio gritó: "¡Por favor, ayúdame!". La gente lo hacía callar; pero Bartimeo gritaba más fuerte, y Jesús lo escuchó, se detuvo y le preguntó: "¿Qué quieres que haga por ti?" Bartimeo contestó: "Quiero ver, ayúdame". Y al instante vio.

Detenerse en este punto, y conversar con los niños sobre lo siguiente:

¿Cómo pudo hacer esto Jesús?... Reforzar sus respuestas diciéndoles que Jesús es Dios y sólo Él tiene todo el poder.

Jugamos. Decirles a los niños que se va a dramatizar "Al ciego Bartimeo". Para ello, colocar una tira de papel o tela en los ojos del niño que representa a Bartimeo (utilizar todos los recursos necesarios). Luego, hacer un círculo para ver este milagro cuando Jesús da la vista al ciego (la tira de papel es quitada) y ahora ya puede ver el ciego. Entonces, indicarles a los pequeños y pequeñas que todos nos alegramos y aplaudimos muy fuerte; porque sólo Jesús puede hacer –también en estos tiempos– muchos milagros.

Aprendemos. Preguntarles a los niños y niñas esto: "¿Quién hizo los milagros?... Jesús, sí; porque Él es Dios y tiene todo el poder". Animarles a decir al unísono: "¡Gracias, Dios!".

Actividad. Entregar revistas a cada niño y niña; y pedirles que busquen en estas, tres imágenes de objetos que tienen en sus casas. Luego, ayudarles a recortar esos dibujos para que los peguen dentro de los círculos.

Despedida. Orar agradeciendo a Dios por el tiempo de estar juntos y aprender más de Él.

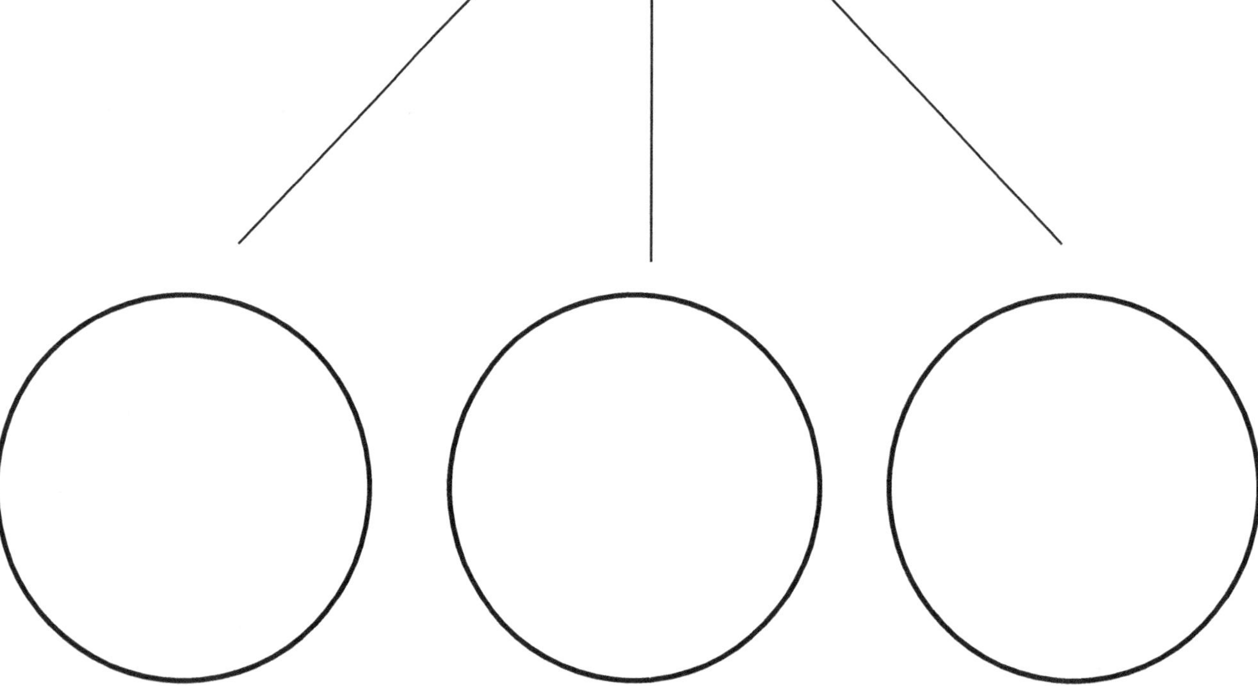

Instrucciones

Buscar en las revistas tres imágenes de cosas que tienes en tu casa. Después, pégalas dentro de los círculos.

CON MI NARIZ, PUEDO OLER

Base bíblica:

2 Corintios 2:14-17

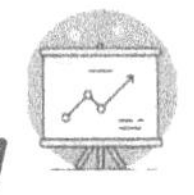

Objetivo:

Conocer que somos olor grato, olor de Cristo para Dios.

Preparación de la clase:

Las maestras y/o maestros deben reunirse previamente para orar a Dios por el tiempo de preparación de la clase. Luego, deberán leer y reflexionar cuidadosamente en 2 Corintios 2:14-17.

Introducción

Pensar en el contenido de la lectura indicada, y observar cuidadosamente lo siguiente:

¿Qué nos enseña esta porción bíblica?

¿Cuál era el sentir de Pablo?

¿Cómo sentía Pablo la presencia de Dios en su vida?

¿Cómo expresaba Pablo el amor hacia sus amigos?

¿Por qué Pablo agradecía a Dios en Cristo Jesús?

¿Cómo somos para Dios los salvados?

¿Cómo son los que se pierden?

¿Cómo debemos hablar la Palabra de Dios?

En la vida del apóstol Pablo, hay grandes enseñanzas que deben ser transmitidas a nuestras niñas y niños. Aquí es necesario considerar el carácter, la sinceridad y la fe bien puesta de Pablo en el evangelio de Cristo y la gratitud hacia Dios por todo lo que le sucedía.

Reflexión

Debemos tener el coraje de Pablo.

Jesús es el mismo haciendo su obra en cada vida.

Dios es inmutable y nos ayuda en toda circunstancia.

Nuestra vida cristiana es como un grato olor que llega a la presencia de Dios.

Hablemos de Cristo por donde vayamos.

Orar a Dios para que seamos portadores de este gran mensaje a nuestras niñas y niños; porque ellos son grato olor para el señor. Orar también por nuestro ministerio de educación cristiana.

Al final, preparar el material para la clase.

TEMA: CON MI NARIZ, PUEDO OLER

CITA BÍBLICA: 2 Corintios 2:14-17

DESARROLLO DE LA CLASE:

Recibir y ubicar a los niños y niñas teniendo en cuenta la edad de cada uno de ellos. Así pues, los bebés deberán ser puestos en coches, corrales, alfombras y petates –según las condiciones del aula–. Luego, darles la bienvenida a todos los niños y niñas, e indicarles los sectores o áreas de juego y trabajo (esto sólo para infantes a partir de los 18 meses). De esta manera, ellos podrán manipular el material dispuesto previamente en un ambiente y altura adecuados para su edad, así como también compartirlo con los(as) amiguitos(as) y maestros(as).

Concluido el tiempo anterior, todos los maestros y maestras deberán de reunir a todos los niños haciendo un círculo para orar y entonar algunas canciones a Dios dando inicio de esta manera a la clase del día.

Conversamos. Narrar la historia bíblica: Había una vez un hombre llamado Pablo que enseñaba a la gente acerca de Dios y de su poder maravilloso. También les explicaba que –si somos buenos y hacemos lo que le agrada a Dios– Él nos huele muy "rico". Es decir, somos como olor muy agradable, y esto mucho más cuando compartimos la Palabra de Dios con las personas que viven en nuestra casita.

Por ello, debemos hablar de Dios cada día.

Jugamos. Explicarles a los niños que se les vendarán los ojos; y luego, ellos olerán, frutas y otros alimentos. A continuación, les acercamos cada elemento preguntándoles qué es cada uno de esos. Ellos deben contestar (según el olor que perciben) de qué se trata (manzana, plátano, gelatina, etc.).

Aprendemos. Preguntarles a los niños y niñas quién hizo todas estas maravillas. Afirmar que fue Dios con su poder. Animarles a decir al unísono: "¡Gracias, Dios!".

Actividad. Indicar a los infantes que deben de trazar una línea desde el dibujo de la nariz hacia las imágenes de los objetos que tienen olor.

Despedida. Entonar un coro de acción de gracias y terminar la clase con una oración.

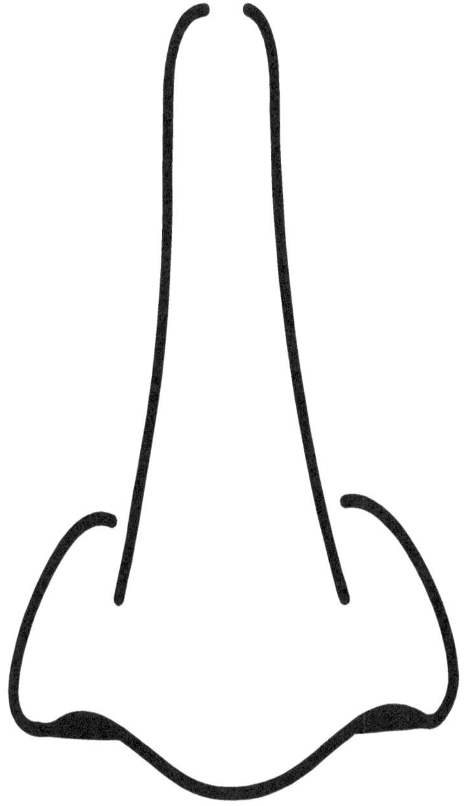

Instrucciones

Traza una línea desde el dibujo de la nariz hacia las imágenes
de los objetos que tienen olor; y colorea.

Base bíblica:

Marcos 7:31-37

Objetivo:

Entender que Jesús sanó a un sordomudo, porque Él es Dios Todopoderoso.

Preparación de la clase:

Las maestras y/o maestros deben reunirse previamente para orar a Dios por el tiempo de preparación de la clase. Luego, deberán leer y reflexionar cuidadosamente en Marcos 7:31-37.

Introducción

Pensar en el contenido de la lectura indicada, y observar cuidadosamente lo siguiente:

La iglesia se proyecta a la sociedad, y de esta manera, atiende las necesidades de las personas con problemas.

En el tiempo de Jesús, muchas personas fueron sanadas y sus problemas solucionados.

Un sordomudo fue traído a Jesús para que le impusiera las manos debido al problema que ese hombre tenía: no escuchaba ni hablaba bien.

Jesús lo apartó de la gente para mostrarle directamente su poder.

Nuestro Señor sanó al sordomudo metiéndole sus dedos en las orejas y tocándole la lengua.

Jesús miró al cielo para dar la gloria a su Padre.

Jesús ordenó al sordomudo que no dijera nada de lo ocurrido. Sin embargo, el sordomudo divulgó el milagro.

La gente se maravillaba de lo que ocurría.

Jesús tiene poder por siempre. El mundo y todo lo creado están sujetos a su voluntad.

Reflexión

Ser gratos a Dios por todo lo que hace en nuestras vidas. En definitiva, sólo Él nos puede hacer sensibles para ayudar a los necesitados que están a nuestro alrededor; a fin de que puedan encontrar la solución a su problema físico y espiritual.

Orar a Dios agradeciendo por sus favores recibidos y por el amor que tiene a la humanidad. Pedirle que use nuestra boca para llevar esperanza y las buenas nuevas a quienes lo necesitan.

Al final, preparar el material para la clase.

TEMA: CON MI BOCA, PUEDO HABLAR

CITA BÍBLICA: Marcos 7:31-37

DESARROLLO DE LA CLASE:

Recibir y ubicar a los niños y niñas teniendo en cuenta la edad de cada uno de ellos. Así pues, los bebés deberán ser puestos en coches, corrales, alfombras y petates –según las condiciones del aula–. Luego, darles la bienvenida a todos los niños y niñas, e indicarles los sectores o áreas de juego y trabajo (esto sólo para infantes a partir de los 18 meses). De esta manera, ellos podrán manipular el material dispuesto previamente en un ambiente y altura adecuados para su edad, así como también compartirlo con los(as) amiguitos(as) y maestros(as).

Concluido el tiempo anterior, todos los maestros y maestras deberán de reunir a todos los niños haciendo un círculo para orar y entonar algunas canciones a Dios dando inicio de esta manera a la clase del día.

Conversamos. Iniciar esta sección preguntando para qué necesitamos la boca (animar a todos los niños a que participen). Seguramente, usted escuchará respuestas como las siguientes: "Para hablar, para comer, para gritar, para cantar, etc."… Se sugiere reforzar sus respuestas repitiendo lo que ellos dijeron. Luego de ello, narrar la historia bíblica.

Un día, había mucha gente alrededor de Jesús. Entre ellos, estaba un hombre que no podía escuchar ni hablar. Entonces, la gente le pidió a Jesús: "¡Por favor, ayúdale!". Jesús le tomó de la mano, lo llevó a un lado para estar solos; y le tocó las dos orejas al hombre. Después, tocó la lengua del sordomudo con el dedo y dijo: "Ábrete", y al instante ocurrió el milagro.

Jugamos. Preparar una bolsa de papel para cada niño, o en todo caso, confeccionar una bolsa con papel de molde para cada uno de ellos. Después, entregar a cada niño o niña una figura en dos partes que componen la cara. Audarles a pegar la cara; y la boca, en la base de la bolsa.

Aprendemos. Preguntarles a los niños y niñas lo siguiente: "¿Quién hizo que el sordomudo escuchara?… Sí, fue Jesús que es Dios y tiene todo el poder". Animarles a decir todos juntos: "¡Gracias, Dios!".

Actividad. Indicarles a los infantes que completen la parte de la cara que le falta a las imágenes.

Despedida. Orar agradeciendo por el tiempo de estar juntos y aprender más de Dios.

Instrucciones

Completa la parte de la cara que le falta a las imágenes del
niño y de la niña. Después, colorea.

CON MIS OÍDOS, PUEDO ESCUCHAR

Base bíblica:

Mateo 13:1-23

Objetivo:

Agradecer a Dios por la facultad de poder escuchar con facilidad las historias bíblicas.

Preparación de la clase:

Las maestras y/o maestros deben reunirse previamente para orar a Dios por el tiempo de preparación de la clase. Luego, deberán leer y reflexionar cuidadosamente en Mateo 13:1-23.

Introducción

Cavilar en el contenido de la lectura indicada, y observar cuidadosamente lo siguiente:

¿De qué nos habla la lectura?

En la "Parábola del sembrador", qué significa el reino de Dios.

Jesús estaba sentado en la arena junto al mar.

La gente lo vio y se acercó para escucharlo.

Jesús se subió en una barca, y enseñaba con parábolas. Una de ellas fue la Parábola del sembrador.

Ese día, el Señor enseñó que había varios grupos de semillas en diferente suelo. Pero sólo la última parte de la semilla cayó en buena tierra y dio mucho fruto.

Los oídos sirven para oír o escuchar las cosas buenas o malas. Sin embargo, Dios nos ayuda a escuchar lo bueno y ponerlo en práctica.

Reflexión

Somos dichosos por ver y escuchar cosas buenas.

Algunos oyen la Palabra de Dios; pero luego viene el diablo y se lleva ese maravilloso conocimiento.

Otros reciben la Palabra con gozo. Mas luego viene la aflicción o preocupación como el problema de vida, y esto hace que la semilla no permanezca. Esto, pues cayó en terreno pedregoso.

Asimismo, cuando se recibe la Palabra, pero las ocupaciones en las riquezas y negocios de la vida hacen que se deje todo lo aprendido del caminar cristiano; es porque la semilla cayó en un corazón lleno de espinos.

Por último, la buena semilla cayó también en un buen terreno; entonces, la semilla creció y permaneció. Este terreno representa a los que con un corazón bueno y recto retienen la Palabra del Señor.

Miremos nuestra propia vida… ¿Qué terreno somos? Procuremos llevar mucho fruto a las niñas y los niños.

Debemos orar al Señor para que nuestra vida espiritual sea siempre buena tierra, y preparemos con gozo esos terrenos blancos en la vida de nuestros pequeñitos.

Al final, preparar el material para la clase.

CON MIS OÍDOS, PUEDO ESCUCHAR

Mateo 13:1-23

DESARROLLO DE LA CLASE:

Recibir y ubicar a los niños y niñas teniendo en cuenta la edad de cada uno de ellos. Así pues, los bebés deberán ser puestos en coches, corrales, alfombras y petates –según las condiciones del aula–. Luego, darles la bienvenida a todos los niños y niñas, e indicarles los sectores o áreas de juego y trabajo (esto sólo para infantes a partir de los 18 meses). De esta manera, ellos podrán manipular el material dispuesto previamente en un ambiente y altura adecuados para su edad, así como también compartirlo con los(as) amiguitos(as) y maestros(as).

Concluido el tiempo anterior, todos los maestros y maestras deberán de reunir a todos los niños haciendo un círculo para orar y entonar algunas canciones a Dios dando inicio de esta manera a la clase del día.

Conversamos. Narrarles a los niños y niñas la siguiente historia: Había una vez un perrito de color marrón que se llamaba Bobby. Rosita y Carlitos jugaban con Bobby. A Bobby le gustaba jugar con su pelota roja, y también le gustaba comer su comida y tomar agua. Cuando no conocía a alguien, Bobby ladraba para cuidar la casa.

Luego de contarles lo anterior, preguntarles lo siguiente: "¿Cómo se llamaba el perrito? ¿De qué color era el perrito? ¿Quiénes jugaban con Bobby? ¿Qué le gustaba comer a Bobby?"

Decirles que todos pueden responder, porque han escuchado la historia. En ese momento, hacerles notar cuán importante es escuchar atentamente cuando una persona habla.

Jugamos. Invitarles a los infantes a que participen en la dinámica llamada "Dime el objeto que es". La maestra empleará cinco objetos que produzcan sonidos; y los niños sólo deberán de escuchar dichos sonidos. Luego, preguntarles: ¿qué escuchan?; ¿qué objeto hace ese sonido (ej.: hoja de papel, un sonajero, un silbato, etc.)?

Aprendemos. Compartirles a los pequeños que es importante escuchar cuando nuestros padres nos hablan; pues esto le agrada a Dios.

Actividad. Indicar a los niños y niñas que marquen con una X los objetos que producen sonidos agradables. Luego, decirles que coloreen los dibujos.

Despedida. Animarles a los niños a que cada uno de ellos haga una breve oración de acción de gracias por sus dos oídos que Dios les ha dado y los cuales le permiten escuchar.

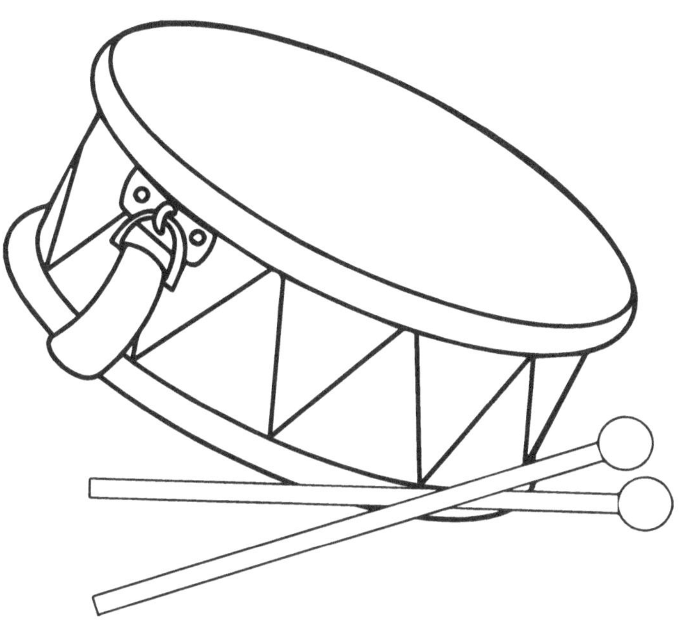

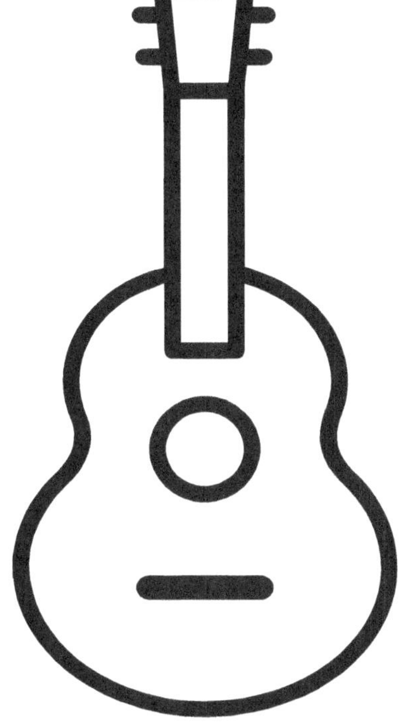

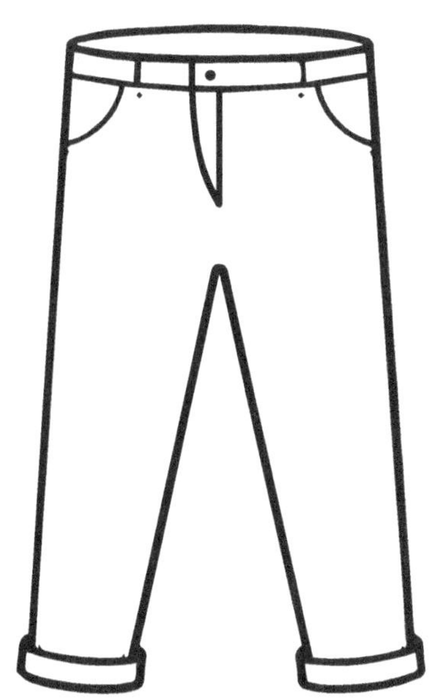

Instrucciones

Marca con una X los dibujos de cosas que producen sonidos agradables. Después, coloréalos.

Base bíblica:

Salmo 139:13-16

Objetivo:

Conocer que Dios hizo todo nuestro cuerpo y agradecerle por esta maravillosa obra.

Preparación de la clase:

Las maestras y/o maestros deben reunirse previamente para orar a Dios por el tiempo de preparación de la clase. Luego, deberán leer y reflexionar cuidadosamente en Salmo 139:13-16.

Introducción

Pensar en el contenido de la lectura indicada, y observar cuidadosamente lo siguiente:

¿Qué nos dice el salmista en este capítulo?

¿Quién nos hizo a cada uno de nosotros?

¿En qué categoría estamos ubicados?

¿Para qué nos hizo Dios?

Antes que fuesen todas las cosas, ya estaba Dios. Su origen es desde la eternidad y hasta la eternidad. Él es nuestro Creador y el Autor de nuestra vida; nos formó en el vientre de nuestra madre, conoce nuestro cuerpo, y nos hizo un poco menor que los ángeles. Sin embargo, nos ha dado el privilegio de ser corona de la creación y nos ha confiado todo cuanto ha creado. Asimismo, nuestro cuerpo y su funcionamiento están supeditados a la voluntad de Dios.

Por toda la bendición que nos ha dado, tenemos que cuidar este cuerpo que también es templo del Espíritu de Dios y obra de sus manos. Además, este cuidado debe ser tanto interno como externo para mantener un cuidado integral.

Reflexión

¡Qué gratificante es saber que este cuerpo que tenemos es propiedad de Dios y que su funcionamiento depende de la voluntad del Creador; y por esta razón debemos cuidarlo para tener buena salud física y espiritual!

Orar al Señor para que nuestra vida íntegra siempre esté al servicio de Él, y de esta manera ser agradecidos por todo lo que ha hecho en nosotros.

Al final, preparar el material para la clase.

TEMA: DIOS HIZO TODO MI CUERPO

CITA BÍBLICA: Salmo 139:13-16

DESARROLLO DE LA CLASE:

Recibir y ubicar a los niños y niñas teniendo en cuenta la edad de cada uno de ellos. Así pues, los bebés deberán ser puestos en coches, corrales, alfombras y petates –según las condiciones del aula–. Luego, darles la bienvenida a todos los niños y niñas, e indicarles los sectores o áreas de juego y trabajo (esto sólo para infantes a partir de los 18 meses). De esta manera, ellos podrán manipular el material dispuesto previamente en un ambiente y altura adecuados para su edad, así como también compartirlo con los(as) amiguitos(as) y maestros(as).

Concluido el tiempo anterior, todos los maestros y maestras deberán de reunir a todos los niños haciendo un círculo para orar y entonar algunas canciones a Dios dando inicio de esta manera a la clase del día.

Conversamos. Mencionarles a los niños y niñas que la Biblia nos habla de un hombre llamado David. Él escribió acerca de Dios, y sus palabras están registradas en la Biblia. David dijo un día: "Gracias, Dios; porque tú me hiciste, y aun cuando estaba en el vientre de mi madre, sabías todo acerca de mí. Tú hiciste mi cuerpo, mis brazos, mis piernas, mis pies, mi cabeza, mi cara, etc. ¡Qué bueno es mi Dios!".

Jugamos. Todos los maestros deben colocarse a un lado y empezar a hacer algunos movimientos motivando a los niños a que los imiten a la par que dicen la importancia de cada una de las partes del cuerpo mencionadas. Por ejemplo: (moviendo las piernas) "Las piernas sirven para caminar, correr, saltar. Los brazos y manos sirven para abrazar, aplaudir, escribir. La boca sirve para cantar, conversar, gritar, comer, etc.".

Luego, armar con todos los infantes un rompecabezas grande del cuerpo humano. Se sugiere que sean de pocas piezas, y grandes; a fin de facilitar el trabajo de los niños.

Al final de lo anterior, preguntar: "¿Quién hizo este cuerpo?"

Aprendemos. Explicar que Dios nos hizo. Por tanto, podemos decir: "Gracias, Dios; porque tú me hiciste".

Actividad. Indicar a los pequeños que encierren en un círculo la imagen que les corresponde (según su género). Luego, decirles que la coloreen.

Despedida. Entonar el coro: "Cabeza, hombros, rodillas, pies" de HeyKids (buscar en Youtube); o "Tori el robot" de Biper y sus amigos (buscar en Youtube). Luego, orar dando gracias a Dios por haber creado al hombre a su imagen y semejanza.

Instrucciones

Encierra con un círculo el dibujo que te corresponde a ti según tu género; y después, coloréalo.

UNIDAD  4

JESÚS ES MI AMIGO, ME CUIDA POR DONDE VOY

SOMOS IMPORTANTES

Base bíblica:

Salmo 139:1-24

Objetivo:

Conocer que somos importantes para Dios, porque Él nos creó, nos conoce y nos ha llenado de todas sus maravillas.

Preparación de la clase:

Las maestras y/o maestros deben reunirse previamente para orar a Dios antes del tiempo de preparación de la clase. Luego, meditar en la cita bíblica mencionada.

Introducción

Pensemos detenidamente en lo siguiente:

¿Qué es lo que conoce Dios de cada uno de sus hijos e hijas?

¿Qué entiende y qué escudriña en cada uno de nosotros?

¿Dónde nos podremos esconder de Dios?

¿Qué y dónde nos formó Dios?

¿Cómo son los pensamientos de Dios?

El salmista David nos habló de la omnipotencia y omnisciencia de Dios; es decir, que Él conoce a cada uno de sus hijos de la manera más sabia y perfecta que jamás hombre alguno podría lograrlo, por mucho esfuerzo que haga. Dios es el Autor de la vida, de la humanidad, y nos creó con mucho amor para ser importantes en este mundo. Siempre nos libra del peligro y de los que nos quieren hacer daño. De esta manera, el rey David nos recordó que nadie puede huir de su presencia, y que por ello, debemos conducirnos por el camino del bien, porque la mirada de Dios está puesta sobre todos nosotros en todo lugar.

Reflexión

Dios tiene todo el poder en el cielo y en la tierra.

El Señor también está en todo lugar. Y ciertamente estuvo presente cuando fuimos formados en el vientre de nuestras madres.

Nunca podríamos huir de la presencia de Dios.

El Señor nos dio la bendición de ser seres importantes, únicos y diferentes.

Oremos a Dios por los niños y sus padres que son creación de Dios y para Él. Luego, entonemos el coro "Dios me ama".

Al final, preparar el material para la clase.

TEMA: SOMOS IMPORTANTES

CITA BÍBLICA: Salmo 139:1-24

DESARROLLO DE LA CLASE:

Recibir y ubicar a los niños y niñas teniendo en cuenta la edad de cada uno de ellos. Así pues, los bebés deberán ser puestos en coches, corrales, alfombras y petates –según las condiciones del aula–. Luego, darles la bienvenida a todos los niños y niñas, e indicarles los sectores o áreas de juego y trabajo (esto sólo para infantes a partir de los 18 meses). De esta manera, ellos podrán manipular el material dispuesto previamente en un ambiente y altura adecuados para su edad, así como también compartirlo con los(as) amiguitos(as) y maestros(as).

Concluido el tiempo anterior, todos los maestros y maestras deberán de reunir a todos los niños haciendo un círculo para orar y entonar algunas canciones a Dios dando inicio de esta manera a la clase del día.

Conversamos. Pedir a los niños y niñas que se sienten sobre una alfombra o petate (según la realidad del aula) formando un círculo, y usted (maestra) debe de sentarse en el centro del círculo. Luego, coloque delicadamente su mano sobre la cabeza de un niño, y pida a los demás que digan el nombre del niño que usted ha tocado (así hacerlo con cada uno de los infantes). En ese momento, indicarles a los pequeños que quienes no sepan el nombre del amiguito –de quien usted ha puesto la mano sobre su cabecita–, lo repitan en la segunda oportunidad que se pregunte. A continuación, motivar a los infantes a que den gracias a Dios por haberlos creado y tener todos sus miembros sanos y dispuestos a realizar cualquier movimiento o ejercicio. Sin embargo, se recomienda tener cuidado si entre el grupo hay algún niño que no tiene un miembro de su cuerpo. Esto podría ocurrir, así que le pedimos sea prudente. Si este fuera el caso, se sugiere que se ore con todos los niños dando gracias a Dios por el cuerpo que Él nos ha dado de manera general; pero sin enfatizar en las extremidades.

Retomar las actividades de aprendizaje anteriores, indicando a los niños que cada uno de ellos verá su rostro en un espejo. Entonces, usted les mostrará un espejo, y los niños y niñas verán sus caritas, al mismo tiempo que todos dirán lo siguiente: "Ella es Juanita, y es especial para Dios" (animar a que todos participen). Luego, mencionar que todos nosotros debemos recordar que Dios nos hizo y Él conoce nuestros nombres; por lo tanto, debemos ser siempre buenos niños.

Jugamos. Pedir a los infantes que se sienten en el piso o en su respectiva silla para poder jugar. El juego consiste en que cada niño debe de pasar una pelota (esta tiene que ser pequeña, de plástico y de color llamativo) al son de una música escondida. Para ello, cada niño va a entregar la pelota a su compañero que está a su lado derecho, y cuando la música se detenga, el niño que tuviere la pelota en su mano dirá: "Yo soy especial para Dios" y entonar la canción "Cristo ama a los niños" de Manuel Bonilla (buscar en Youtube).

Aprendemos. Hacer recordar que Dios nos ha creado y somos especiales para Él.

Actividad. Indicar a los pequeños que deben de unir los puntos para formar líneas, y así completen la cuna del bebé; y que la decoren libremente.

Despedida. Orar dando gracias a Dios por habernos creado y por tener todas las partes del cuerpo sanas, y así realizar cualquier movimiento o ejercicio. No obstante, en caso hubiese niños con discapacidades físicas, sugerimos orar dando gracias a Dios por habernos dado la vida y el cuerpo.

Instrucciones

Decora la cuna del bebé.

Base bíblica:

Salmo 27:10; Proverbio 8:17

Objetivo:

Conocer que necesitamos cada día la presencia de Dios.

Preparación de la clase:

Las maestras y/o maestros deben reunirse previamente para orar a Dios antes del tiempo de preparación de la clase. Luego, meditar en las citas bíblicas mencionadas.

Introducción

Pensemos detenidamente en lo siguiente:

¿Cómo nos muestra Dios su cuidado y protección?

¿A quiénes ama Dios?

¿Quiénes son los que hallan a Dios?

Es necesario reconocer lo que dice la Palabra de Dios referente a su aprecio por sus criaturas, especialmente hacia los niños y niñas. Ellos tienen promesas especiales de parte de Dios, si le buscan desde pequeños. Los hijos obedientes que honren a sus padres tendrán larga vida sobre la tierra (Deuteronomio 5:16). De igual manera, Dios nunca los abandona, aunque estos sean abandonados por sus padres terrenales. La obediencia de los niños es muy importante (Proverbio 8:32). Los niños que guardan y obedecen las enseñanzas de Dios son felices.

También en Hechos 2:39, el escritor nos refirió que la promesa es también para los hijos de los creyentes por el llamamiento al cual respondieron entregando sus vidas a Cristo.

Reflexión

- Nuestro compromiso es formar niños reverentes a Dios.
- Motivar en los niños el deseo de buscar a Dios desde su tierna edad.
- Lograr en los niños obediencia y disposición para formar parte del rebaño del Señor (Isaías 40:11).
- Procurar desde la infancia dar un buen testimonio con la vida propia.

Oremos a Dios por los niños y sus padres. También démosle gracias por ser sus criaturas muy bendecidas.

Al final, preparar el material para la clase.

TEMA: CADA DÍA, NECESITO DE JESÚS

CITAS BÍBLICAS: Salmo 27:10; Proverbio 8:17

DESARROLLO DE LA CLASE:

Recibir y ubicar a los niños y niñas teniendo en cuenta la edad de cada uno de ellos. Así pues, los bebés deberán ser puestos en coches, corrales, alfombras y petates –según las condiciones del aula–. Luego, darles la bienvenida a todos los niños y niñas, e indicarles los sectores o áreas de juego y trabajo (esto sólo para infantes a partir de los 18 meses). De esta manera, ellos podrán manipular el material dispuesto previamente en un ambiente y altura adecuados para su edad, así como también compartirlo con los(as) amiguitos(as) y maestros(as).

Concluido el tiempo anterior, todos los maestros y maestras deberán de reunir a todos los niños haciendo un círculo para orar y entonar algunas canciones a Dios dando inicio de esta manera a la clase del día.

Conversamos. Organizar y/o coordinar las visitas que mutuamente las aulas realizarán entre ellas. El día indicado, pedir a los niños de un aula que formen una columna ordenadamente. Luego, indicar a los niños que cada uno se cogerá de la camisa de su compañerito que va adelante para que puedan visitar ordenadamente las aulas. Después, al llegar a cada aula, pedirles a los niños que saluden y observen a cada grupo. A continuación, y al final de la visita a un aula, preguntarles lo siguiente: "¿Quiénes estaban? ¿Qué hacían? ¿Por qué estaban allí? ¿Todos los niños tenían el mismo tamaño? (motivar a que todos los niños participen; y después, continuar)". Explicar que todos necesitamos de Jesús, y en cada clase, los maestros nos enseñan verdades de la Biblia que son muy importantes para vivir como niños buenos y obedientes a Dios. En la casa, en la calle, en la escuela, también necesitamos de Dios; por eso, debemos orar cada día al acostarnos y levantarnos. Al final de esta sección, entonar la canción "Con Cristo, en la familia" o "En mi casa, vive Jesús" (buscar en Youtube).

Jugamos. Pedir a los pequeños que se sienten en sus sillas, y armen los rompecabezas relacionados con niños, familia o diferentes situaciones de la vida diaria.

Aprendemos. Mencionar que todos necesitamos cada día de nuestro Dios; porque Él es la vida.

Actividad. Ayudar a los pequeños que decoren las letras de la palabra JESÚS; y que coloreen las flores.

Despedida. Hacer dos círculos: uno de niños y otro de niñas. Luego, asigne un líder a cada círculo para que ore por la necesidad de cada niño de su grupo.

Instrucciones

Decora las letras que forman la palabra JESÚS; y colorea las flores.

VOY APRENDIENDO COSAS NUEVAS

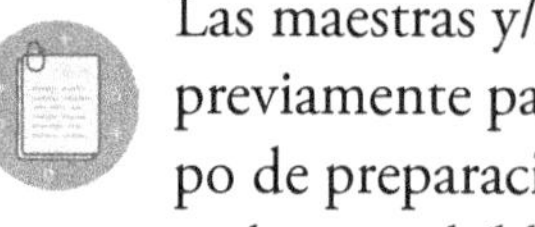

Base bíblica:

1 Samuel 2:26; Lucas 2:52

Objetivo:

Conocer que cada día vamos aprendiendo cosas nuevas para Dios.

Preparación de la clase:

Las maestras y/o maestros deben reunirse previamente para orar a Dios antes del tiempo de preparación de la clase. Luego, meditar en las citas bíblicas mencionadas.

Introducción

Pensemos detenidamente en lo siguiente:

¿Cómo bendecía Dios a Samuel?

¿Cómo era la conducta o el comportamiento de Samuel en su entorno?

¿Cómo crecía Jesús?

¿Qué ejemplo nos da Jesús?

El crecimiento es físico por naturaleza; pero en ese lapso, los seres humanos van mostrando las actitudes y conductas en las que han sido formados en los primeros años de vida.

Jesús, el Hijo de Dios, fue un niño muy especial. Él iba creciendo cada día, se fortalecía y además se llenaba de sabiduría lo que le permitía mostrar a las personas que le rodeaban que era un niño que conocía muchos asuntos relacionados a Dios, su Padre celestial. Y esta sabiduría sorprendía a muchos.

Samuel, por su parte, fue un ejemplo de hijo bueno. Mientras crecía, Dios lo llenaba de sabiduría; porque era acepto ante su presencia debido a su conducta y al llamado divino al cual había respondido obedientemente.

Reflexión

- Los niños son el fruto de la enseñanza de los adultos. Lo que aprenden en los primeros años jamás lo olvidan; por esto, es importante enseñarles lo mejor para sus vidas.

- Lograr que ellos entiendan que todo viene de parte de Dios por lo que debemos siempre andar en sus caminos y confiar en Él.

- Que los niños conozcan que el principio de la sabiduría es "el temor de Jehová".

- Procurar, desde la infancia, dar un buen testimonio con la vida propia.

Oremos a Dios por los niños y sus padres para que juntos aprendan y descubran nuevas cosas cada día.

Al final, preparar el material para la clase.

TEMA: VOY APRENDIENDO COSAS NUEVAS

CITAS BÍBLICAS: 1 Samuel 2:26; Lucas 2:52

DESARROLLO DE LA CLASE:

Recibir y ubicar a los niños y niñas teniendo en cuenta la edad de cada uno de ellos. Así pues, los bebés deberán ser puestos en coches, corrales, alfombras y petates –según las condiciones del aula–. Luego, darles la bienvenida a todos los niños y niñas, e indicarles los sectores o áreas de juego y trabajo (esto sólo para infantes a partir de los 18 meses). De esta manera, ellos podrán manipular el material dispuesto previamente en un ambiente y altura adecuados para su edad, así como también compartirlo con los(as) amiguitos(as) y maestros(as).

Concluido el tiempo anterior, todos los maestros y maestras deberán de reunir a todos los niños haciendo un círculo para orar y entonar algunas canciones a Dios dando inicio de esta manera a la clase del día.

Conversamos. Platicar con todos los niños y niñas sobre lo siguiente: "¿Qué aprendieron durante la semana? ¿Qué recuerdan de la clase pasada? (animar a que todos participen; y luego, continuar). Cada día, aprendemos nuevas cosas. En la casa, nos enseñan papá y mamá; en la iglesia, nos enseñan los maestros y el pastor... Cuando nacimos, éramos muy pequeñitos y no sabíamos hablar ni caminar; tampoco podíamos comer solos; pero ahora vamos aprendiendo a caminar, correr, vestirnos solos, amarrarnos los zapatos, ir al baño, etc. Y cada día, lo hacemos mejor –gracias a Dios–. Él nos ayuda a crecer y también a aprender cosas nuevas; ya que a medida que vamos creciendo, aprendemos a leer, escribir, correr, saltar, cocinar, barrer, etc.".

Jugamos. Indicar a los infantes que deben de caminar y saltar sobre las dos líneas rectas trazadas en el piso. Para ello, deben usar sus dos pies y luego, alternarlos. Posteriormente, indicarles que deben caminar con las puntas y talones de manera muy cuidadosa.

Aprendemos. Compartir a los niños que cada día aprendemos con la ayuda de nuestro Dios que nos ha dado sabiduría y entendimiento.

Actividad. Ayudar a los infantes a recortar y pegar imágenes de niños realizando actividades tales como dormir, comer, correr, etc.

Despedida. Indicarles a los niños que se va a orar agradeciéndole a Dios por las cosas nuevas que nos ha enseñado en esta clase.

Instrucciones

Pega imágenes de niños y niñas que estén
realizando diferentes actividades.

Base bíblica:

Deuteronomio 6:7

Objetivo:

Conocer y valorar cada día el lugar y la comunidad donde vivimos.

Preparación de la clase:

Las maestras y/o maestros deben reunirse previamente para orar a Dios antes del tiempo de preparación de la clase. Luego, meditar en la cita bíblica mencionada.

Introducción

Pensemos detenidamente en lo siguiente:

Mientras vamos conociendo el mundo que nos rodea, necesitamos la ayuda de los mayores. Estos pueden ser nuestros padres u otros adultos que cuiden de nosotros y nos guíen por la senda del bien (Proverbio 22:6).

¿Qué nos enseña Dios a través de su Palabra?

¿Qué debemos enseñarles y hablarles a los pequeños?

¿Dónde debemos de enseñarles y aconsejarles?

¿Cuándo debemos enseñarles a los niños?

Toda enseñanza buena tiene como resultado un buen aprendizaje. Los niños, a medida que crecen, van aprendiendo y conociendo el lugar donde viven de acuerdo a su edad.

Entonces, es urgente aprovechar su tierna edad para encaminar y guiar los pasos de los niños al templo de Dios.

Reflexión

- Los niños aprenden de los adultos.

- Los niños entienden cuando la enseñanza viene de parte de Dios.

- Los niños deben reconocer que Dios es su Creador desde temprana edad.

- Enseñar a otros lo que Dios ha hecho en su vida.

Oremos a Dios por los niños, sus padres; y para enseñarles con poder y amor de lo alto lo que Dios quiere para ellos.

Al final, preparar el material para la clase.

TEMA: CONOCIENDO MI COMUNIDAD

CITA BÍBLICA: Deuteronomio 6:7

DESARROLLO DE LA CLASE:

Recibir y ubicar a los niños y niñas teniendo en cuenta la edad de cada uno de ellos. Así pues, los bebés deberán ser puestos en coches, corrales, alfombras y petates –según las condiciones del aula–. Luego, darles la bienvenida a todos los niños y niñas, e indicarles los sectores o áreas de juego y trabajo (esto sólo para infantes a partir de los 18 meses). De esta manera, ellos podrán manipular el material dispuesto previamente en un ambiente y altura adecuados para su edad, así como también compartirlo con los(as) amiguitos(as) y maestros(as).

Concluido el tiempo anterior, todos los maestros y maestras deberán de reunir a todos los niños haciendo un círculo para orar y entonar algunas canciones a Dios dando inicio de esta manera a la clase del día.

Conversamos. Mostrar a los infantes una lámina de la ciudad o la comunidad donde se aprecien claramente las casas. Luego, platicar con ellos haciéndoles las siguientes preguntas: "¿Qué ven allí? ¿Cómo se llaman?... Casas… ¿Cómo son? ¿Tienen puertas? ¿Qué más tienen? ¿Tienen jardines? ¿Les gusta todo? ¿Se parecen a sus casas? (tratar de que todos participen, y luego continuar). ¿Saben quiénes viven en esas casas? No, nosotros tampoco sabemos; pero Dios sí sabe. Él lo conoce todo, pues es Dios. También sabe dónde vives tú y todos los niños y niñas. ¿Y tú conoces dónde vives? ¿Conoces cómo se llama tu calle? Entonces, todos vamos a preguntar a papá y mamá dónde vivimos; y en la siguiente clase, compartiremos el nombre de la calle donde vivimos".

Jugamos. Organizar a los niños para que puedan salir a caminar y recorrer las calles cercanas a la iglesia; y de esta manera, ellos puedan observar las casas. Para esto, pida el permiso de los padres; y organice al equipo de maestros y maestras con quienes irá.

Aprendemos. Mencionar que cada día aprendemos con la ayuda de nuestro Dios que nos ha dado sabiduría y entendimiento.

Actividad. Indicar a los pequeños que deben repasar la líneas de los lugares que hay en su comunidad; y que los coloreen.

Despedida. Orar a Dios por las peticiones que cada niño o niña haya llevado.

PADARIA

CINEMA

PARQUE

MERCADO

ESCOLA

MINHA CASA

RESTAURANTE

DROGARIA

IGREJA

Instrucciones

Repasa las líneas punteadas de los lugares que
hay en tu comunidad. Luego, coloréalos.

Base bíblica:

Salmos 119.105

Objetivo:

Saber que a Bíblia é a Palavra de Deus que nos guia e ensina.

Preparación da aula:

Os professores e/ou professoras devem se reunir com antecedência para orar a Deus antes da Preparación da aula. Em seguida, meditar no texto bíblico mencionado acima.

Introducción

Vamos pensar cuidadosamente sobre o seguinte:

O que o salmista nos diz sobre a Palavra de Deus?

O que a Palavra de Deus representa em nossas vidas?

Por que a Palavra de Deus nos ilumina?

O salmista escreveu das profundezas de seu coração que a santa Palavra de Deus transforma nossa vida; porque ajuda a nos aperfeiçoar: "...faz sábio ao simples" (Salmos 19.7).

A Bíblia deve ser lida e conhecida desde os primeiros anos de vida. Deve ser usada e tratada com grande respeito; porque de acordo com a prática que há em seu estudo, haverá cumprimento em suas ordenanças.

O apóstolo Paulo recomendou que Timóteo persistisse no que aprendeu nas Escrituras Sagradas desde a infância (2 Timóteo 3.15).

Reflexión

- Deus nos deixou sua Palavra para que através dela o conheçamos e o amemos (2 Timóteo 3.16).

- Que este tema, que é muito significativo, nos permita saber o que significa a Bíblia Sagrada e cumprir o que ela nos ensina.

- Que os professores e professoras possam ser um verdadeiro modelo na leitura e bom uso da Bíblia.

- Que possamos dar um ensino mais adequado às crianças do berçário.

Oremos a Deus pelas crianças e seus pais, para que possam entender que o amor de Deus é verdadeiro e fiel.

Ao terminar, prepare o material para aula.

DATOS INFORMATIVOS:

APRENDENDO A USAR MINHA BÍBLIA

Salmos 119.105

DESARROLLO DE LA CLASE:

Receber e identificar as crianças levando em consideração a idade de cada uma delas. Assim, os bebês devem ser colocados em carrinhos, cercadinhos, tapetes e colchonetes — de acordo com as condições da sala de aula. Em seguida dê as boas-vindas a todas as crianças e indique os setores ou áreas de lazer e trabalho (somente para bebês a partir dos 18 meses). Dessa forma, eles poderão manipular o material previamente organizados em um ambiente e altura adequados à sua idade, além de compartilhá-lo com os(as) amiguinhos(as) e professores(as).

Ao concluir o momento anterior, todos os professores devem reunir todas as crianças em um círculo para orar e cantar alguns louvores à Deus, começando assim a aula do dia.

Exposição. Coloque várias cópias da Bíblia ou do Novo Testamento nas mesas ou nos armários da sala de aula. Isso para que as crianças possam pegá-las e examiná-las. Depois disso, pegue uma Bíblia em suas mãos e converse com elas sobre o seguinte: "Como se chama este livro? Conhecem? Já tinham visto alguma vez?". Depois, instrua cada criança a pegar uma Bíblia na mão e você diz: "Este livro é chamado de Bíblia, é a Palavra de Deus. Ela nos fala de outras pessoas que eram muito boas e que com seu bom exemplo nos ensinam a viver como Deus quiser. A Bíblia é um livro muito especial; Deus nos fala através desse livro precioso".

Dinâmica. Instruir às crianças a fazer uma roda e, depois explique que cada um deles andará sobre uma corda ou linha colocada no chão, carregando a Bíblia debaixo do braço e reconhecendo que este livro é a Palavra de Deus.

Aprendizado. Mencionar que Deus nos fala através de Sua Palavra: A Bíblia Sagrada.

Atividade. Pedir às crianças que pintem seus desenhos.

Encerramento. Terminar este tempo agradecendo a Deus por nos dar este livro que amamos muito.

Instrucciones

Colorea la imagen.

Base bíblica:

Salmo 65:2

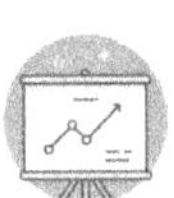

Objetivo:

Conocer que la oración es la conversación real y directa con Dios.

Preparación de la clase:

Las maestras y/o maestros deben reunirse previamente para orar a Dios antes del tiempo de preparación de la clase. Luego, meditar en la cita bíblica mencionada.

Introducción

Pensemos detenidamente en lo siguiente:

¿Por qué se expresó de esa manera David?

¿Será necesario orar?

¿Quiénes deben orar?

El salmista reconoció que si oramos con fe y permanentemente, Dios oirá la oración y atenderá nuestra súplica. Por lo tanto, debemos orar y enseñar a orar. Jesús les enseñó a orar a sus discípulos y también nos enseñó a orar usando el "Padrenuestro". Él también oraba con frecuencia a su Padre en diferentes horarios y lugares. La oración es una necesidad universal y el motor de la vida cristiana. El Espíritu Santo nos ayuda a pedir como conviene (Romanos 8:26); porque intercede por nosotros con gemidos indecibles.

Asimismo, es necesario pedir perdón a Dios en oración.

Reflexión

Si pedimos algo a Dios en oración, tenemos la plena seguridad que Él nos escucha. También la oración trae bendición a nuestras vidas.

Debemos ayudar a formar en los niños el hábito de orar en todo tiempo y hacerlo con fe, reconociendo que Dios está atento a lo que le pedimos y necesitamos.

Oremos al Señor por nuestros niños y sus padres, que son a quienes tenemos que motivar a orar cada día.

Al final, preparar el material para la clase.

TEMA: APRENDIENDO A ORAR

CITA BÍBLICA: Salmo 65:2

DESARROLLO DE LA CLASE:

Recibir y ubicar a los niños y niñas teniendo en cuenta la edad de cada uno de ellos. Así pues, los bebés deberán ser puestos en coches, corrales, alfombras y petates –según las condiciones del aula–. Luego, darles la bienvenida a todos los niños y niñas, e indicarles los sectores o áreas de juego y trabajo (esto sólo para infantes a partir de los 18 meses). De esta manera, ellos podrán manipular el material dispuesto previamente en un ambiente y altura adecuados para su edad, así como también compartirlo con los(as) amiguitos(as) y maestros(as).

Concluido el tiempo anterior, todos los maestros y maestras deberán de reunir a todos los niños haciendo un círculo para orar y entonar algunas canciones a Dios dando inicio de esta manera a la clase del día.

Conversamos. Pedir que cada niño y niña diga su nombre (anime a que todos participen, y luego, continúe). Después, explíqueles que ellos saben hablar, y lo hacen muy bien. En ese momento, hacerles notar que nosotros –sus maestras y/o maestros– también les podemos hablar, y ellos nos escuchan y contestan. En esta parte, muéstreles a los niños un ejemplar del Nuevo testamento, y mencióneles lo siguiente: "Este libro que ya saben cómo se llama… Su nombre es …, y en ella se nos habla del amor de Dios y de cómo hablar con Él". Entonces, recuérdeles que deben hablar con Dios por medio de la oración cada día, y también que deben de hacerlo en compañía de sus padres. Asimismo, hágales recordar que no se olviden de orar al levantarse, cuando van a tomar los alimentos, y al acostarse.

Jugamos. Se sugiere que los maestros oren e indiquen a los niños que repitan desde el fondo de su corazón y cuidadosamente la oración.

Aprendemos. Decirles a los niños que Dios nos habla a través de la oración.

Actividad. En las hojas de aplicación, explicarles que coloreen libremente la figura; y luego, digan todos juntos: "Aprendo a orar".

Despedida. Antes de salir, indicar a los niños que se pongan en pie formando un círculo para agradecer a Dios por escucharnos y contestar nuestras oraciones.

Instrucciones

Colorea libremente la figura y luego, di lo siguiente: "Aprendo a orar".

Base bíblica:

Salmo 96:1-3

Objetivo:

Conocer que es necesario cantarle a nuestro Dios por las grandezas que hace en nuestras vidas.

Preparación de la clase:

Las maestras y/o maestros deben reunirse previamente para orar a Dios antes del tiempo de preparación de la clase. Luego, meditar en la cita bíblica mencionada.

Introducción

Pensemos detenidamente en lo siguiente:

¿Cómo se le debe cantar a Dios?

¿Quiénes deben cantarle?

¿Qué debemos decirle a Dios?

¿Quiénes le adorarán y cantarán?

El cántico, según los registros bíblicos, es un deber religioso. Cuando le cantamos a Dios, lo debemos hacer con gozo (Salmo 81:1). El cántico a Dios debe hacerse con mucho gozo; porque Él es la roca de nuestra salvación, el Fuerte de Israel.

Los hijos de Dios son los llamados a cantarle; pues lo hacen con un corazón dispuesto y con entendimiento.

La alabanza es una forma de adoración al Creador, y lo podemos hacer con instrumentos musicales. De hecho, la Biblia nos detalla muchos de dichos instrumentos; pero también nos insta a alabar a Dios usando todo el cuerpo.

Reflexión

- Que la alabanza que vamos a enseñar a los niños salga desde lo más profundo del corazón.

- Que podamos inculcar en los niños que la alabanza es una forma de adorar al Dios todopoderoso, quien es merecedor de todo loor.

- Que las maestras y/o maestros podamos ser un verdadero modelo de adoración a Dios.

Oremos a Dios por los niños y sus padres; y además agradezcámosle por el precioso tiempo que nos regala de poder formar en los niños pequeños el maravilloso hábito de la alabanza.

Al final, preparar el material para la clase.

DATOS INFORMATIVOS:

LE CANTO A MI DIOS

Salmo 96:1-3

DESARROLLO DE LA CLASE:

Recibir y ubicar a los niños y niñas teniendo en cuenta la edad de cada uno de ellos. Así pues, los bebés deberán ser puestos en coches, corrales, alfombras y petates –según las condiciones del aula–. Luego, darles la bienvenida a todos los niños y niñas, e indicarles los sectores o áreas de juego y trabajo (esto sólo para infantes a partir de los 18 meses). De esta manera, ellos podrán manipular el material dispuesto previamente en un ambiente y altura adecuados para su edad, así como también compartirlo con los(as) amiguitos(as) y maestros(as).

Concluido el tiempo anterior, todos los maestros y maestras deberán de reunir a todos los niños haciendo un círculo para orar y entonar algunas canciones a Dios dando inicio de esta manera a la clase del día.

Conversamos. Platicar con los niños y las niñas sobre lo siguiente: "¿Cómo están el día de hoy? ¿Cómo han pasado estos días? (anime a que todos se expresen, y luego, continúe usted). Deben saber que si somos felices y estamos contentos, es porque somos hijos de Dios. También es porque Él nos ama mucho. Y lo maravilloso además, es que nos ha dado una boca (aquí puede pedirles que cada uno señale su propia boca), y con ella podemos hablar, cantar. Entonces, Dios quiere que en la casa vivamos muy contentos, y con alegría debemos alabarle dándole gracias". Animar a los niños a cantar el coro titulado "Demos gracias al Señor"; y después de ello, hacerles notar qué bueno es saber que podemos cantarle a Dios muchas canciones; porque Él ha hecho cosas muy lindas, y especialmente nos ha creado a todos nosotros. Por eso, somos importantes y le cantamos a Dios.

Jugamos. Salir ordenadamente del aula con los niños, y pedirles que se tomen de las manos. A continuación, cantar con ellos la siguiente canción acompañándola de mímicas: "Yo le alabo de corazón" (buscar en Youtube). Luego, explicarles que nos colocaremos uno detrás de otro, formando el trencito para cantar finalmente una canción.

Aprendemos. Compartirles a los pequeños que es muy lindo alabar a Dios; porque mediante las alabanzas le adoramos por todo lo bello que ha creado.

Actividad. Pedir anticipadamente a los padres que envíen una camiseta para sus pequeños; a fin de que puedan pintar.

Despedida. Finalizar preguntándoles a todos los niños si tienen pedidos para orar e inclúyalos en la oración. Agradezca a Dios; porque podemos alabarle, y también por el tiempo de poder compartir juntos y aprender más de Él.

LE CANTO A MI DIOS

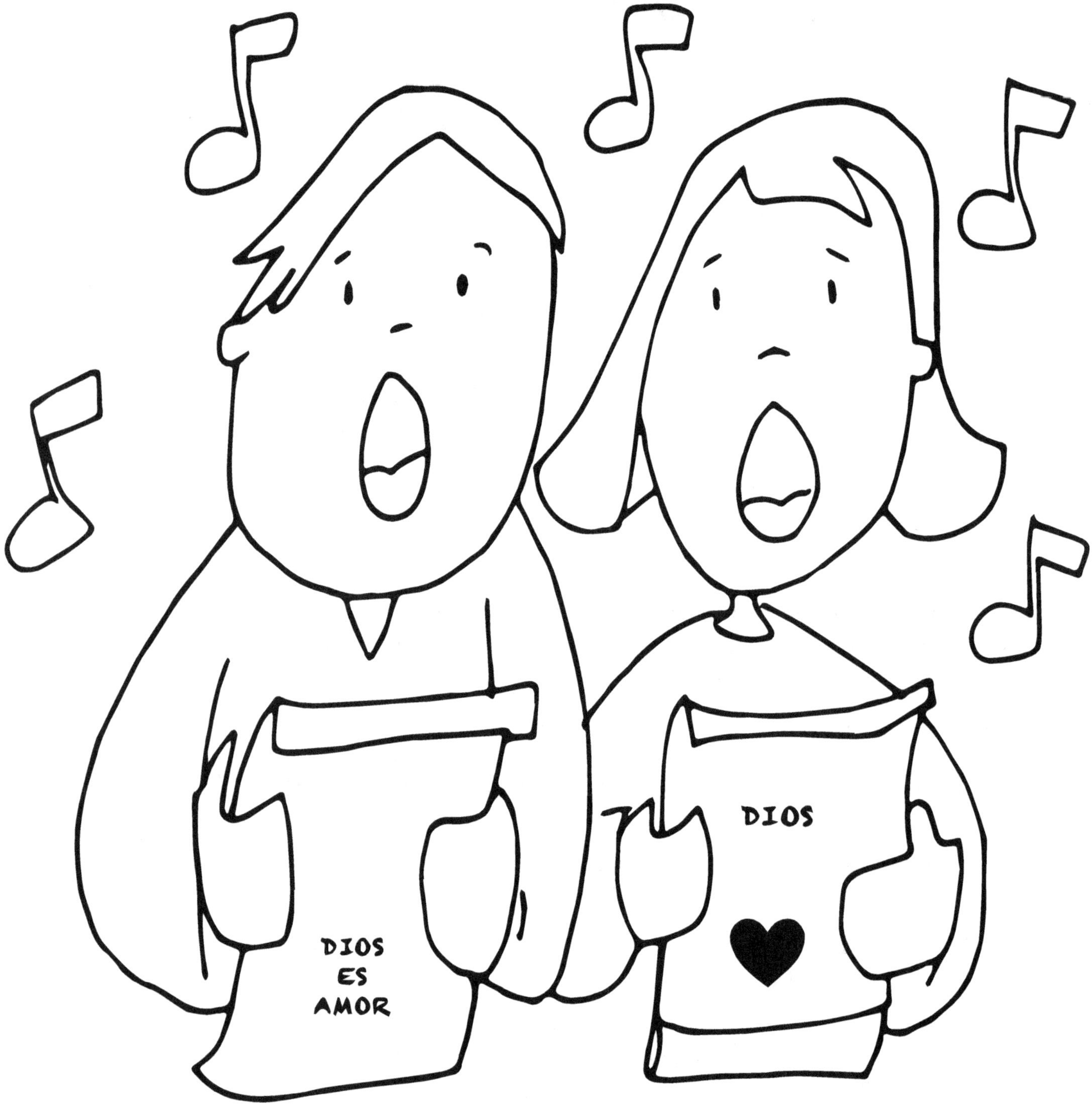

Instrucciones

Pinta la imagen con la ayuda de un hisopo de algodón. Usa diferentes colores.

Base bíblica:

Isaías 52:7; Juan 1:6-14

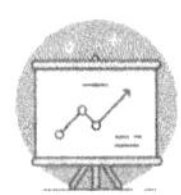

Objetivo:

Conocer que la Biblia anuncia la llegada del Salvador.

Preparación de la clase:

Las maestras y/o maestros deben reunirse previamente para orar a Dios antes del tiempo de preparación de la clase. Luego, meditar en las citas bíblicas mencionadas.

Introducción

Pensemos detenidamente en lo siguiente:

¿Qué quiso decir el escritor del libro de Isaías?

¿Cómo son los pies del que trae buenas nuevas?

¿Quién envió a Juan el Bautista?

¿De qué o quién daba testimonio Juan?

¿Quién era la luz verdadera?

Las buenas nuevas o buenas noticias siempre han sido causa de alegría y contentamiento a una persona o grupo de personas que se encargan de llevarlas. De igual manera, se alegran aquellas personas que las reciben.

La Biblia nos habla de una profecía que había sido anunciada hace muchos años atrás y había sido recibida con agrado y asombro. Hombres encargados de compartir la gran noticia de la llegada del Salvador lo hicieron; aunque sin saber cuándo sería esto. Y esto, pues no había fecha específica; pero sí había un tiempo propicio. Algún tiempo después; Jesús –el Rey de los judíos– llegaba a reinar, pero su Reino no era terrenal.

Juan el Bautista daba testimonio de la luz que era Cristo el Salvador.

Reflexión

- ¡Qué importante es saber que Dios ordenó todas las cosas para bendecir a sus hijos! Debemos siempre estar plenamente agradecidos al Señor; pues hemos sido considerados en sus planes divinos.

- La llegada del Salvador fue la gran noticia de la historia. Jamás podemos olvidarnos de este acontecimiento que significó la redención de nuestras vidas.

- Sólo debemos anunciar al mundo que Jesús es la luz verdadera y está dispuesto a dar luz a los que viven en oscuridad. ¡Sigamos esa luz!

Oremos por este precioso tiempo, por los niños y sus padres; a fin de que todos puedan llegar al entendimiento de la verdad.

Al final, preparar el material para la clase.

TEMA: LAS BUENAS NUEVAS DEL REY JESÚS

CITAS BÍBLICAS: Isaías 52:7; Juan 1:6-14

DESARROLLO DE LA CLASE:

Recibir y ubicar a los niños y niñas teniendo en cuenta la edad de cada uno de ellos. Así pues, los bebés deberán ser puestos en coches, corrales, alfombras y petates –según las condiciones del aula–. Luego, darles la bienvenida a todos los niños y niñas, e indicarles los sectores o áreas de juego y trabajo (esto sólo para infantes a partir de los 18 meses). De esta manera, ellos podrán manipular el material dispuesto previamente en un ambiente y altura adecuados para su edad, así como también compartirlo con los(as) amiguitos(as) y maestros(as).

Concluido el tiempo anterior, todos los maestros y maestras deberán de reunir a todos los niños haciendo un círculo para orar y entonar algunas canciones a Dios dando inicio de esta manera a la clase del día.

Conversamos. Iniciar haciéndoles notar a los niños que han pasado muchos días y –gracias a Dios– ellos han podido aprender hermosas lecciones en cada clase bíblica. Hacerles notar también cuán contentos debemos estar por haber aprendido de Dios y la obra maravillosa a través de su Palabra, la Biblia, en la cual se nos enseña una historia muy interesante que jamás debemos olvidarla que es el nacimiento de Jesús, el Hijo de Dios, de una virgen llamada María. Esto fue anunciado muchos años atrás cuando nosotros aún no nacíamos; pero lo encontramos en la Biblia y es un lindo acontecimiento.

Jugamos. Colocar música suave y realizar con los niños diferentes movimientos con el cuerpo sobre una alfombra o tapiz. Tenga presente considerar movimientos lentos y rápidos acordes a la edad de los niños, y los cuales ayuden también a ejercitar el sentido del oído.

Aprendemos. Mencionar que la historia de Jesús, el Hijo de Dios, ha estado escrita en los registros bíblicos desde el inicio de la humanidad, y que esa gran noticia se ha dado a conocer a los hombres a través de los profetas y portadores de la Palabra de Dios.

Actividad. Explicarles a los niños que coloreen sus hojas de aplicación; y luego, peguen en el pecho del niño o de la niña una figura que le haga sentirse como un(a) hijo(a) del Rey Jesús.

Despedida. Agradecer a Dios por cada uno de los asistentes a la clase, e interceder por cada uno de ellos.

JESÚS

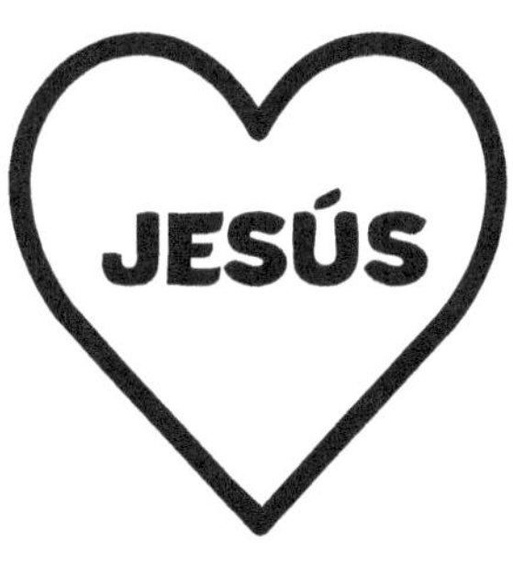

JESÚS

Instrucciones

Colorea; y pega en el pecho del niño o niña una figura que le
haga sentirse como un hijo del Rey Jesús.

ANUNCIANDO EL NACIMIENTO DE JESÚS

Base bíblica:

Mateo 1:18-25; Lucas 1:26-56

Objetivo:

Conocer que la Biblia anuncia que Jesús es el Hijo de Dios.

Preparación de la clase:

Las maestras y/o maestros deben reunirse previamente para orar a Dios antes del tiempo de preparación de la clase. Luego, meditar en las citas bíblicas mencionadas.

Introducción

Pensemos detenidamente en lo siguiente:

¿Quién visitó a María? / ¿Qué le dijo el ángel a María?

¿Qué nombre y título llevaría Jesús? / ¿Quién se le apareció a José en sueños?

¿Qué le dijo el ángel a José? / ¿Cómo reaccionó José ante este sueño?

¿Se separó José secretamente de acuerdo a la ley judía? / ¿Por qué le refirió el ángel la situación de Elizabet?

María estaba comprometida para casarse con José. Probablemente, eran muy felices, y también eran cumplidores de la ley judía. Sólo esperaban el día de la boda, pero algo sucedió inesperadamente. María fue sorprendida por la presencia de un ángel quien interrumpió sus ocupaciones domésticas y le anunció que iba a ser madre, que tendría un hijo. Y enseguida, le dio todas las indicaciones de cómo iba a ser este bebé, cómo se llamaría y qué haría por la humanidad. Es de suponer que la reacción de María fue inmediata al acordarse de su compromiso con José; pero es evidente que el mensajero de Dios también le comunicó la extraordinaria obra divina y la motivó a asumir lo que había escuchado. De igual manera, el ángel le comentó de otro suceso increíble: la gestación de su pariente Elizabet a quien luego María visitó. Es en ese reencuentro donde notamos que —al escuchar la voz de María— el niño de Elizabet se movió en su vientre. Esto hace afirmar que Jesús era verdaderamente el Hijo de Dios. Fue la obra más significativa de la historia. José también recibió la noticia del ángel en sueños. En principio, nos imaginamos que —como cualquier ser humano— José fue impactado por una noticia de ese tipo. Pero por el amor que le tenía a María, y la intervención divina, aceptó la paternidad terrenal, y fue así que José apoyó a María hasta que se unieron en matrimonio como dice las Sagradas Escrituras.

Reflexión

- ¡Qué importante es saber que Dios en su eterna sabiduría tenía todo programado! Y por su bendito amor a la humanidad, envió al Salvador del mundo, de lo cual somos por siempre bendecidos.

- Oremos a Dios agradeciéndole por haber enviado a su Hijo amado para salvarnos de la condenación eterna.

Al final, preparar el material para la clase.

TEMA: ANUNCIANDO EL NACIMIENTO DE JESÚS

CITAS BÍBLICAS: Mateo 1:18-25; Lucas 1:26-56

DESARROLLO DE LA CLASE:

Recibir y ubicar a los niños y niñas teniendo en cuenta la edad de cada uno de ellos. Así pues, los bebés deberán ser puestos en coches, corrales, alfombras y petates –según las condiciones del aula–. Luego, darles la bienvenida a todos los niños y niñas, e indicarles los sectores o áreas de juego y trabajo (esto sólo para infantes a partir de los 18 meses). De esta manera, ellos podrán manipular el material dispuesto previamente en un ambiente y altura adecuados para su edad, así como también compartirlo con los(as) amiguitos(as) y maestros(as).

Concluido el tiempo anterior, todos los maestros y maestras deberán de reunir a todos los niños haciendo un círculo para orar y entonar algunas canciones a Dios dando inicio de esta manera a la clase del día.

Conversamos. Mostrar una lámina de María, la madre de Jesús, y comentarles a los niños que en esta clase van a conocer a María. Ella fue la madre de Jesús. Dígales que, seguramente, han escuchado de ella. Aquí es probable que los pequeños le compartan lo que han escuchado al respecto. Sugerimos que se los escuche atentamente. Luego, anímeles a repetir el nombre María, y después, continúe con la clase. Nárreles lo siguiente: "Un día, María recibió la visita de un ángel enviado por Dios desde el cielo. El ángel le dijo que ella iba a tener un hijo, es decir un bebito, y le debía poner por nombre Jesús. Y esto, porque Él salvaría al mundo de sus pecados. María se asustó por esta visita, mas después, se puso muy alegre. Pero como María tenía su novio llamado José, el ángel también visitó a José y cuando él estaba dormido, el ángel le contó todo lo que tenía que suceder. Entonces, José no despreció a María; sino que la ayudó mucho con el niño Jesús, hasta cuando fue grande. También, lo amó a Jesús como si fuese su propio hijo".

Jugamos. Organizar a todos los niños y niñas (de preferencia que esto sea así, y así ninguno quede excluido) para dramatizar el anuncio del nacimiento de Jesús hecho por el ángel a María y José. Para ello, pedirles ayuda a los padres para que sus niños usen vestimenta de la época de Jesús para el día de la dramatización.

Aprendemos. Mencionar que el nacimiento de Jesús, el Hijo de Dios, es el acontecimiento más maravilloso que ha ocurrido en la historia de la humanidad, y lo cual cada uno de nosotros lo debemos conocer, recordar y compartir con otros.

Actividad. En las hojas de aplicación, indicarles a los niños que coloreen la lámina.

Despedida. Cerrar la sesión con una oración, agradeciéndole a Dios por haber enviado a Jesús como un regalo de amor para nosotros.

Instrucciones

Colorea la lámina.

Base bíblica:

Lucas 2:1-7

Preparación de la clase:

Las maestras y/o maestros deben reunirse previamente para orar a Dios antes del tiempo de preparación de la clase. Luego, meditar en la cita bíblica mencionada.

Objetivo:

Conocer que Jesús nació en Belén, en un humilde pesebre.

Introducción

Pensemos detenidamente en lo siguiente:

¿Quién ordenó un censo en todo el Imperio romano?

¿De dónde salieron José y María para empadronarse?

¿Por qué viajaron a Belén?

¿Cómo se habría sentido María durante el viaje, considerando la situación de madre gestante en la que se encontraba?

¿Por qué no nació Jesús en un lugar lujoso?

¿Quiénes son los antepasados de José?

Las disposiciones del gobierno romano tenían que ser cumplidas; por ello, todos los habitantes se movilizaron a sus tierras natales para cumplir con este mandato. Es decir, que todas las personas que vivían en territorio romano debían ir al empadronamiento; de esta manera, este imperio podría conocer las estadísticas de sus habitantes y de allí cobrar los impuestos correspondientes. Para los viajeros las condiciones no eran las más adecuadas; pues tenían que llevar sus provisiones. También tenían que caminar muchos kilómetros hasta llegar al lugar. María debía cumplir con todo ello a pesar de su estado. Y fue que llegando a Belén, le llegó la hora del alumbramiento. Ese día, el hospedaje era muy escaso; y por eso, sólo hubo un pesebre para el Salvador. Este era un lugar donde se daba de comer a los animales, y fue allí donde nació Jesús para que se cumplieran las profecías. Pero reflexionamos en que un recién nacido que necesita el más mínimo cuidado, no tenía nada; sino que se ajustó a la situación. Esta fue la respuesta de Dios por el pecado del mundo.

Reflexión

- Podemos mirar con los ojos de la fe ese gran acontecimiento que fue el nacimiento de Jesucristo en un humilde pesebre de Belén.

- Entendemos que el propósito de Dios –al mostrarnos estos acontecimientos– fue mostrar al mundo que si no hubo posada para su pequeño; pues una reacción muy similar evidencia el mundo ahora al negarle un lugar a Jesús en el corazón.

Oremos por los niños y sus padres; a fin de que puedan entender el verdadero sentido de este gran acontecimiento.

Al final, preparar el material para la clase.

TEMA: JESÚS NACIÓ EN BELÉN
CITA BÍBLICA: Lucas 2:1-7

DESARROLLO DE LA CLASE:

Recibir y ubicar a los niños y niñas teniendo en cuenta la edad de cada uno de ellos. Así pues, los bebés deberán ser puestos en coches, corrales, alfombras y petates –según las condiciones del aula–. Luego, darles la bienvenida a todos los niños y niñas, e indicarles los sectores o áreas de juego y trabajo (esto sólo para infantes a partir de los 18 meses). De esta manera, ellos podrán manipular el material dispuesto previamente en un ambiente y altura adecuados para su edad, así como también compartirlo con los(as) amiguitos(as) y maestros(as).

Concluido el tiempo anterior, todos los maestros y maestras deberán de reunir a todos los niños haciendo un círculo para orar y entonar algunas canciones a Dios dando inicio de esta manera a la clase del día.

Conversamos. Hacer un repaso de la clase pasada planteando lo siguiente: "¿Quién visitó a María y a José? ¿Qué les dijo el ángel? ¿Cómo debía llamarse el niño? ¿Qué significa el nombre Jesús? (dé tiempo para que los niños recuerden y participen; luego, continúe)". Mencione que llegó el tiempo que dijo el ángel, y María ya estaba para dar a luz a su hijo Jesús. Esto quiere decir que se cumplió el tiempo de gestación y nació un hermoso bebé. Después, indíqueles que todos van a nombrar lo que necesita un bebito al nacer: pañales, camisita, pantalón, medias, gorrito, manoplas, chompa, etc… ¿Han visto alguna vez un bebé recién nacido? ¿Han visto a su hermanito(a) recién nacido(a)? ¡Qué bueno! Cuando Jesús nació en un lugar llamado Belén de Judea, María estaba muy contenta, lo envolvió en pañales, y lo acostó en un pesebre. También su padre José lo cuidó y amó mucho. Ambos recordaron lo que el ángel les dijo y le pusieron por nombre Jesús. Su nacimiento fue anunciado por los ángeles, y una estrella muy luminosa apareció en el cielo indicando que había nacido el gran Rey.

Jugamos. Previamente, elaborar instrumentos musicales (sonajas, tambores y panderetas) con material reciclado, y entregarle uno a cada niño para entonar con todos ellos una canción.

Aprendemos. Hacer recordar a los infantes que Jesús nació en Belén y también en nuestros corazones. Por lo tanto, debemos cada día orar, cantarle alabanzas, y darle gracias por todas las cosas hermosas.

Actividad. Explicarles que deben adornar sus láminas con motivos navideños.

Despedida. Ore para que Dios prepare el corazón de cada niño, y manténgase en contacto durante la semana con ellos. También ore agradeciendo por el nacimiento de nuestro Salvador.

Instrucciones

Adorna la lámina con motivos navideños.

LOS PASTORES LE ADORARON AL NIÑO JESÚS

Base bíblica:

Lucas 2:8-20

Objetivo:

Conocer que los pastores llegaron primero a adorar a Jesús.

Preparación de la clase:

Las maestras y/o maestros deben reunirse previamente para orar a Dios antes del tiempo de preparación de la clase. Luego, meditar en la cita bíblica mencionada.

Introducción

Pensemos detenidamente en lo siguiente:

¿Dónde estaban los pastores?

¿Cuántos ángeles vieron los pastores y qué hacían?

¿Cómo se sintieron los pastores?

¿Qué hicieron los pastores?

¿Qué les dijeron los ángeles?

¿A dónde debían ir los pastores según las indicaciones que les dieron los ángeles?

¿A quiénes más comunicaron los pastores lo que oyeron?

¿Cómo se sintió María cuando llegaron los pastores?

El nacimiento de Jesús fue todo un acontecimiento divino. Dios lo controlaba todo, y a pesar de la realidad en la que nació, hubo gran algarabía y fiesta en los cielos como nunca antes había sucedido por algún otro ser o acontecimiento. Y no era para menos; pues se trataba del nacimiento de alguien muy especial: el Salvador del mundo. Los ángeles tomaron parte en esto y fueron los llamados a dar las buenas nuevas, así como también darles las indicaciones a los pastores para la adoración al recién nacido.

María, la madre de Jesús, guardaba todas estas cosas en su corazón. Podemos afirmar que eran para ella una grata experiencia, y los pastores muy gozosos regresaron a su faena.

Reflexión

Nos llenamos de gozo al saber que el nacimiento de Jesús no sólo se produjo en un pesebre; sino que ahora también se produce en nuestros corazones. Aunque, algunas veces las personas rechazan con sus actitudes este hecho maravilloso.

La vida del cristiano debe llenarse de gozo y trasmitir las buenas nuevas a los niños y niñas así como también a sus familias.

Oremos por los infantes y sus padres; a fin de que puedan vivir cada día este maravilloso acontecimiento del nacimiento de Jesús el Salvador.

Al final, preparar el material para la clase.

DATOS INFORMATIVOS:

TEMA: LOS PASTORES LE ADORARON AL NIÑO JESÚS

CITA BÍBLICA: Lucas 2:8-20

DESARROLLO DE LA CLASE:

Recibir y ubicar a los niños y niñas teniendo en cuenta la edad de cada uno de ellos. Así pues, los bebés deberán ser puestos en coches, corrales, alfombras y petates –según las condiciones del aula–. Luego, darles la bienvenida a todos los niños y niñas, e indicarles los sectores o áreas de juego y trabajo (esto sólo para infantes a partir de los 18 meses). De esta manera, ellos podrán manipular el material dispuesto previamente en un ambiente y altura adecuados para su edad, así como también compartirlo con los(as) amiguitos(as) y maestros(as).

Concluido el tiempo anterior, todos los maestros y maestras deberán de reunir a todos los niños haciendo un círculo para orar y entonar algunas canciones a Dios dando inicio de esta manera a la clase del día.

Conversamos. Hacer un repaso de la clase pasada mencionando lo siguiente: "¿De quién hablamos en la clase pasada? ¿Quién nació en Belén? ¿Cómo se llamaron los padres de Jesús? ¿Dónde acostaron al recién nacido? (dar tiempo para que todos participan, luego continuar). El nacimiento de Jesús se realizó en Belén de Judea y fue anunciado por los ángeles a un grupo de pastores que se encontraban cuidando sus ovejas. Ellos, al escuchar este anuncio, –según la Biblia– enseguida se fueron adorar al niño Jesús recién nacido, y su madre María se puso muy contenta y guardaba todas esas cosas en su corazón".

Jugamos. Mostrar a los niños y niñas láminas coloridas (de regular tamaño) de Jesús, José y María; y pedirles que señalen la imagen o figura de acuerdo al nombre que pedimos. Por ejemplo: señala a María, señala a Jesús, etc. Esta actividad se la puede realizar hasta que todos puedan memorizar los nombres de los integrantes de la familia de Jesús.

Aprendemos. Mencionar que Jesús nació en Belén y también en nuestros corazones; por lo tanto, debemos cada día orar y cantarle alabanzas.

Actividad. En las hojas de aplicación, explicarles a los niños que coloreen; y luego que comenten sobre el nacimiento de nuestro Señor Jesús.

Despedida. Orar agradeciendo a Dios por enviar a nuestro Señor Jesús; y a Él, agradecerle por haber venido a la tierra como un bebé para salvarnos de nuestros pecados.

LOS PASTORES LE ADORARON AL NIÑO JESÚS

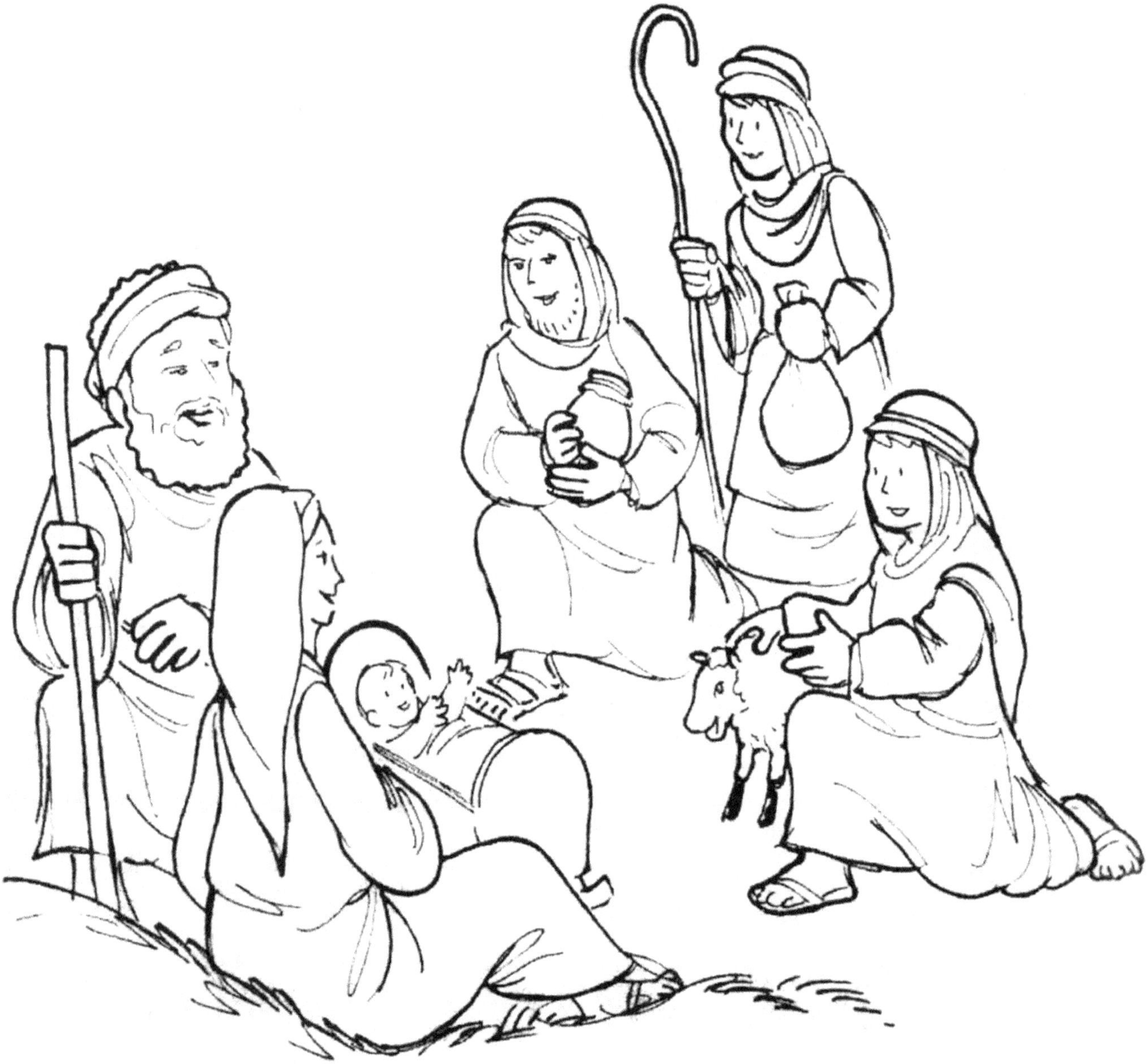

Instrucciones
Colorea y comenta con tus amiguitos sobre el nacimiento de nuestro Señor Jesús.

LOS REYES LE OFRECIERON PRESENTES AL NIÑO JESÚS

Base bíblica:

Mateo 2:1-21

Objetivo:

Conocer que los magos le obsequiaron valiosos presentes al recién nacido Jesús.

Preparación de la clase:

Las maestras y/o maestros deben reunirse previamente para orar a Dios antes del tiempo de preparación de la clase. Luego, meditar en la cita bíblica mencionada.

Introducción

Pensemos detenidamente en lo siguiente:

¿Quiénes vinieron del oriente? / ¿Dónde llegaron inicialmente los magos?

¿Qué buscaban los magos? / ¿Qué habían visto los magos, y a quién querían adorar?

¿Qué hizo Herodes? / ¿Dónde envió Herodes a los magos?

¿Hacia dónde les guio la estrella a los magos? / ¿Cómo se sintió María?

¿Por dónde regresaron los magos?

Los magos, tal como lo detalla Mateo, eran unos sabios que habían investigado el precioso acontecimiento; pero no tenían muy en claro el lugar del nacimiento, por esta razón trataban de saber más al respecto. Y al enterarse Herodes de ello, les pidió que averigüen y luego se lo comuniquen. Mas los magos se guiaron por la estrella y llegaron al lugar donde adoraron al niño Jesús y le ofrecieron oro, incienso y mirra. Después, regresaron a su tierra por otro lugar avisados por revelación en sueños.

Reflexión

Las cosas que Dios nos ha mostrado siempre son verdaderamente maravillosas. Él permitió que del linaje de David naciera el Salvador; y esta noticia impactó al mundo de aquel entonces. También ha revolucionado los corazones de quienes por las enseñanzas bíblicas adoran al Dios vivo y ofrecen cada día sus vidas a través de su obediencia y buen testimonio personal.

Oremos por los niños y sus padres; a fin de que puedan vivir cada día este acontecimiento y adoren a Jesús el Salvador.

Al final, preparar el material para la clase.

LOS REYES LE OFRECIERON PRESENTES AL NIÑO JESÚS

Mateo 2:1-21

DESARROLLO DE LA CLASE:

Recibir y ubicar a los niños y niñas teniendo en cuenta la edad de cada uno de ellos. Así pues, los bebés deberán ser puestos en coches, corrales, alfombras y petates –según las condiciones del aula–. Luego, darles la bienvenida a todos los niños y niñas, e indicarles los sectores o áreas de juego y trabajo (esto sólo para infantes a partir de los 18 meses). De esta manera, ellos podrán manipular el material dispuesto previamente en un ambiente y altura adecuados para su edad, así como también compartirlo con los(as) amiguitos(as) y maestros(as).

Concluido el tiempo anterior, todos los maestros y maestras deberán de reunir a todos los niños haciendo un círculo para orar y entonar algunas canciones a Dios dando inicio de esta manera a la clase del día.

Conversamos. Mostrar a los niños láminas que representan a José, María y Jesús; y luego, pedirles que recuerden cuál es el nombre de cada uno de ellos (siempre motivar a que todos los niños y niñas participen; y después continuar). A continuación, mencionarles que se verá que así como unos pastores fueron a adorar al niño Jesús recién nacido; de igual manera, también hubo unos hombres sabios llamados reyes magos, que luego de estudiar e investigar este importante acontecimiento del nacimiento de Jesús, fueron guiados por una estrella que apareció en el oriente. Fue así que estos magos llegaron hasta Belén y preguntaron por el recién nacido hasta que lo encontraron en un establo; le adoraron y le ofrecieron oro, incienso y mirra. A pesar de que el rey Herodes quiso indagar por el niño para matarlo y les pidió a los reyes que regresen a palacio cuando encontraran al pequeño, ellos se fueron por otro camino avisados por una revelación en sus sueños.

Jugamos. Dramatizar con todos los niños y niñas la visita y adoración de los reyes magos al niño Jesús.

Aprendemos. Mencionar que Jesús, el Hijo de Dios, es el personaje más importante de la historia. Esto porque es el Rey de la humanidad, y espera que cada uno de nosotros le adore en espíritu y en verdad.

Actividad. Pedir a los pequeños que respondan oralmente cuáles fueron los regalos que los reyes magos le dieron a Jesús cuando nació; y que decoren a su gusto.

Despedida. Orar dando gracias a Dios por el regalo de su Hijo Jesús; y agradecer también por María, José, los pastores y los magos que fueron a visitar al Mesías.

Responde: ¿cuáles fueron los regalos que le dieron a Jesús cuando nació?

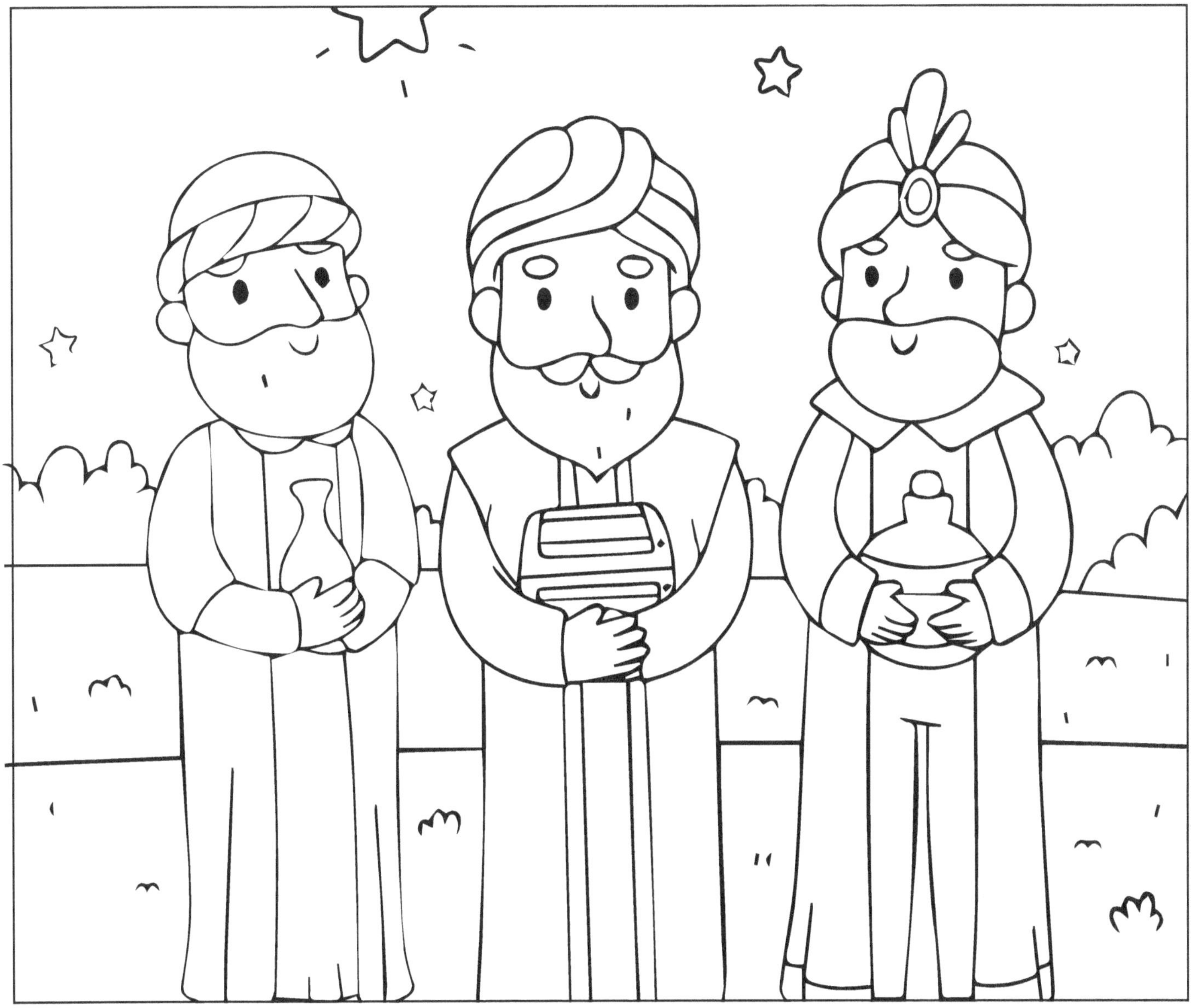

Instrucciones

Decora a tu gusto.

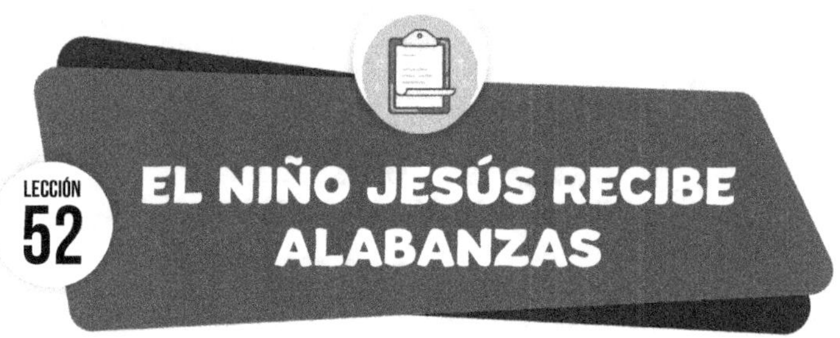

EL NIÑO JESÚS RECIBE ALABANZAS

Base bíblica:

Lucas 2:21-39

Objetivo:

Conocer que Ana y Simeón pudieron ver a Jesús.

Preparación de la clase:

Las maestras y/o maestros deben reunirse previamente para orar a Dios antes del tiempo de preparación de la clase. Luego, meditar en la cita bíblica mencionada.

Introducción

Pensemos detenidamente en lo siguiente:

¿Qué sucedió a los ocho días del nacimiento de Jesús?

¿A dónde llevaron sus padres a Jesús?

¿Qué era lo que tenían que hacer específicamente en Jerusalén?

¿Cómo se describe a Simeón?

¿Cómo se describe a Ana?

¿Quién era cada uno de ellos?

¿Qué hicieron con el recién nacido?

La familia de Jesús siempre estuvo cumpliendo con las costumbres y los ritos de los judíos. Así lo hicieron con su hijo Jesús, que a los ocho días de nacido, lo presentaron en el templo para oficializar su nombre y obedecer las leyes terrenales, ocasión que aprovecharon dos ancianos temerosos de Dios y llenos del Espíritu Santo: Simeón y la profetiza Ana. Ellos se sintieron maravillados de poder conocer, contemplar y tener en sus brazos al Hijo de Dios. Por haber recibido esta bendición y haber logrado su objetivo de conocer al Unigénito de Dios; luego, sólo esperaban partir a la presencia del Señor.

Reflexión

Al igual que Ana y Simeón, nosotros esperamos la venida de Cristo; por lo tanto, debemos vivir cada día con diligencia y obrando sin perder jamás las esperanzas en que seremos glorificados con nuestro Dios y Salvador.

Oremos por los niños, sus padres y el equipo de maestras y/o maestros; a fin de poder ser buenos formadores de la Palabra de Dios en sus vidas, y que se les enseñe a servir y adorar a Jesús el Salvador.

DATOS INFORMATIVOS:

TEMA: EL NIÑO JESÚS RECIBE ALABANZAS
CITA BÍBLICA: Lucas 2:21-39

DESARROLLO DE LA CLASE:

Recibir y ubicar a los niños y niñas teniendo en cuenta la edad de cada uno de ellos. Así pues, los bebés deberán ser puestos en coches, corrales, alfombras y petates –según las condiciones del aula–. Luego, darles la bienvenida a todos los niños y niñas, e indicarles los sectores o áreas de juego y trabajo (esto sólo para infantes a partir de los 18 meses). De esta manera, ellos podrán manipular el material dispuesto previamente en un ambiente y altura adecuados para su edad, así como también compartirlo con los(as) amiguitos(as) y maestros(as).

Concluido el tiempo anterior, todos los maestros y maestras deberán de reunir a todos los niños haciendo un círculo para orar y entonar algunas canciones a Dios dando inicio de esta manera a la clase del día.

Conversamos. Mostrar a los niños y niñas láminas que representen a José, María y Jesús; y pedirles que recuerden el nombre de cada uno de ellos. Luego, comentarles que cuando Jesús tenía pocos días de nacido, sus padres lo llevaron al templo para agradecerle a Dios por este nacimiento. Ese día, María y José encontraron allí a un anciano llamado Simeón que amaba mucho a Dios y siempre le pedía que le dé la oportunidad de tener en sus brazos al Salvador recién nacido; y así fue. Simeón tomó en sus brazos al niño Jesús y dio gracias a Dios por esta bendición. En ese momento, también se acercó una mujer muy temerosa de Dios que siempre estaba en el templo. Ella se llamaba Ana. Ella bendijo al niño y dio gracias a Dios diciendo que Jesús era un niño muy hermoso, especial y que haría grandes cosas por la humanidad.

Jugamos. Escoger a bebés del aula y dramatizar con ellos la historia de Simeón y Ana donde participarán otros niños y niñas voluntarios.

Aprendemos. Mencionar que Jesús fue el enviado de Dios, y que desde muy pequeño ya estaba cumpliendo el mandato de su Padre celestial.

Actividad. Indicar a los niños y niñas que deben encerrar en un círculo azul a Simeón; y en un círculo rojo, a Ana.

Despedida. Dé gracias a Dios, animando a sus niños a poner en práctica las enseñanzas aprendidas en esta unidad, y honrando a Jesús en todas las etapas de su vida.

Instrucciones

Encierra con un marcador (plumón) grueso azul, la figura de Simeón; y con un plumón grueso rojo, la figura de Ana. Después, colorea.

Anexos

BIBLIOGRAFÍA

- BIBLIA THOMPSON: Versión Reina Valera 1960

- CNP: Palabras de vida- Casa Nazarena de Publicaciones. Año 1995

- DISEÑO CURRICULAR NACIONAL DE EDUCACIÓN BÁSICA REGULAR. DINEIP-DINESST Año 2009

- DISEÑO CURRICULAR REGIONAL DRE PIURA. Año 2007

- FRANCISCO TONUCCI: La investigación como alternativa a la enseñanza. Año 1999

- LEXUS: Libro de la educadora. Año 2003

- MINISTERIO DE EDUCACION: Estructura curricular básica de Educación Inicial. Año 1987

- MINISTERIO DE EDUCACIÓN: La inteligencia se construye usándola. Año 2002

- MINISTERIO DE EDUCACIÓN: Manual de la docente coordinadora y de la Animadora de PRONOEI. Año 2001

- MINISTERIO DE EDUCACIÓN: "Calidad y equidad" reglamentación de la Ley General de Educación N° 28044. Año 2005